如是蘇東坡

吳淡如

推薦序——

政治漩渦中顛沛流離的命運——吳淡如筆下的蘇東坡及其時代

〔四川外國語大學中國語言文化學院教授〕朱周斌

在林語堂之後，如何給蘇東坡作傳？大陸許多學者比如王水照、曾棗莊、朱剛等等，都曾做出過回答。每一次關於蘇東坡的書寫，無疑都為後來的書寫增添了困難。蘇東坡是一座難以企及的高峰，這座高峰不斷誘惑著我們去接近他，每一次的接近又讓他變得愈加豐富多彩。對於試圖再一次描繪蘇東坡的吳淡如來說，問題更為棘手：在短視頻的今天，在影像語言高度發達的今天，在蘇東坡可以對我們直接「開口說話」的今天，又該如何向年輕的一代談論被心靈雞湯化了的蘇東坡呢？

吳淡如出人意料、又在情理之中地把她的書的第一章，對準了在黃州耕作的蘇東坡。是的，就是在這兒，蘇軾變成了蘇東坡。她稱那一年為「東坡元年」。在後世無數粉絲眼中，蘇軾——蘇東坡作為一個幾乎是不世出的才華橫溢的才子，給我們留下的是豪邁與豁達。但吳淡如想要描繪的卻是一個身處困頓和鬥爭、被流放然後又自覺地選擇遠離漩渦中心的蘇東坡；在她筆下，更多地指向的是作為悲劇人物的蘇東坡。千頭萬緒中，吳淡如緊緊抓住了蘇東坡這一悲劇主角。「烏臺詩案」不是蘇東坡人生悲劇的起點，也不是悲劇的高潮，但卻是蘇東坡悲劇人生中最為醒目的一章。吳淡如將舞臺第一幕放在了黃州，她給讀者拋出了一個謎題——年少得意的蘇軾，是怎麼成為這個顛沛流離的蘇東坡的？這種偵探式小說的戲劇性設置，讓全書得以用倒敘、插敘、補敘等等多種手段逸趣橫生地展開。這種抓住人物命運的主線、採用解謎式的戲劇化手法，讓蘇東坡在一瞬間就向我們呈現出個性鮮明的靈魂，是本書與其他蘇軾傳記的第一個顯著差別。

吳淡如並沒有陷入繁瑣的歷史考證和頂禮膜拜的心態中，而是採用了一種平視的敘述視角，深入到人物內在的心理世界中去。這使得歷史人物在吳淡如筆下具有了生動有趣的在場感，彷彿他們活在當下，活在我們的眼前。某種程度上，這是一本關於蘇東坡的心靈傳記。但同樣精彩的是，蘇東坡同代人的心靈也在本書中得到了淋漓盡致的揭示。我相信讀者通過吳淡如那枝細膩深入的筆觸，將會重新認識蘇東坡的心靈世界，同時也將重新認識其他人，比如王安石和他的心靈世界。我們閱讀一千多年前的古人，對他們很容易產生隔膜，但吳淡如用她豐富的人生閱歷和深思熟慮的同情、同理之心，填補了這段漫長的距離，給我們帶來了一種歷史「現場感」般的心跳與激動。

歷史是紛繁複雜的。然而借用戲劇結構，吳淡如刪繁就簡，同時又重點突出，重繪了一條立體的人物鏈環，由此得以從多元的維度，追蹤蘇東坡的命運與際遇。所以在許多章節中，蘇東坡反而暫時退居一旁，對他的命運造成重大影響的那些人物則成為局部的中心人物。這種安排既是戲劇結構的要求，同時也源於蘇東坡命運的內在邏輯。在吳淡如筆下，對蘇東坡命運影響至關重要的人物漸次登場：父親、母親、弟弟、妻妾、兒女、政敵、恩師、朋友、最好的朋友成了最壞的敵人……這一幕幕生動的戲劇人物，讓我們好好享受了一把「歷史—小說—戲劇」同時在眼前播放的故事大餐。

在這一系列的人物故事中，最為動人的是書中對女性以及蘇東坡親人命運的關注與揭示。吳淡如用了一些獨立的章節，談論了與蘇東坡有關的女性的形象和命運。她們的形象與命運既是蘇東坡的形象與命運的側影和倒影，同時，這更是對她們自身命運悲劇的深深同情與控訴。吳淡如自己作為一個當代經歷豐富多彩的成功女性，對女性在現實生活中的位置與遭遇一定有著不為人知的深刻體驗與觀察。正是這種作為一個女性的自我認知與切膚感受，使得她情不自禁將蘇東坡的母親、妻妾乃至於兒女作為重點敘述的對象。由於蘇東坡、也是為了蘇東坡，蘇東坡身邊的女性和親人，幾乎沒有一個獲得命運之神的照拂與垂青。雖然蘇東坡也在竭盡全力地愛著她們，但她們仍然為她們的這位男性親人付出了她們的所有，乃至於生命。她們的悲劇命運又何嘗不是蘇東坡的命運！而悲劇中的悲劇在於，蘇東坡的悲劇又決定了她們只要是他的親人，就注定了要過完她們悲劇的一生！

此種悲劇的根源來自於哪裡？這正是吳淡如這本蘇東坡傳記所要探尋的隱祕的終點。吳淡如一直在談論「小人」的存在，但同時她又不斷地突破「小人」這一視點。更重要的是，吳淡如不斷地質疑和反思今人所津津樂道的北宋「仁政」時代。她尖銳地指出：北宋並非不屠殺士大夫，而僅僅是不以「文字獄」的藉口進行屠殺而已。這一下子就揭穿了封建社會統治者帝王的虛偽。她努力告訴我們：蘇東坡命運的沉浮，實質在於北宋黨爭政治貫穿了蘇東坡的一生。本書最富魅力的地方正在於超越了就蘇東坡談論蘇東坡、就個人關係談個人命運，向我們描繪出了北宋時期以太后和皇帝所代表的保守與革新兩種政治面貌與力量的此起彼伏，尤其是二者的分化與組合。每一次分化與組合都是殘酷的權力機器的重啟與絞殺，抽象的陣營最終還原為一個個鬥爭與被鬥爭的血肉之軀，個人作為君權的犧牲品，一個個被獻祭在令人不寒而慄的歷史舞臺上。呂惠卿、章惇、王安石的弟弟王安國、王安石的兒子王雱……當然還有蘇軾自己和他的弟弟、妻兒……甚至連貴為皇后的孟皇后，也是以一種類似於荒誕的方式，才得以獲得了一個安穩的人生。順便說一句，也許她是兩宋之交命運最好的皇族。悲劇嗎?悲劇。諷刺嗎?諷刺。

從審美感受而言，這是一本輕鬆甚至讓人愉快的書，不時流露出幽默輕鬆和溫暖的筆調。但必須強調，這些筆調背後的底色——歷史的悲劇和人生的身不由己——始終深深地浸染著全書。吳淡如為我們書寫出了一個意料之外又情理之中的蘇東坡。這個蘇東坡對我們來說也許有一點陌生，或者說，我們在情感上不太願意去凝視和觀看那個淒苦與掙扎中的蘇東坡。但吳淡如試圖讓我們明白：這就是人生的本質，這就是在歷史中不斷前行又不斷掙扎的無數人的命運。只有如此這般去體察苦難和顛沛流離中的蘇東坡，我們才能真正去理解豁達和幹練而不得施展的蘇東坡：一個文學家蘇東坡的背後，是一個整整一生都被抑制的政治家蘇軾。當我們理解了這一點，也許我們會更好地去理解歷史、文學與政治。這是蘇東坡的一生帶給我們的領悟與啟示。準確地說，這是吳淡如那枝情動思深的筆下的蘇東坡，帶給我們的領悟與啟示。

二〇二四年一月二十九日農曆臘月十九初稿，

時維蘇軾九百七十八歲誕辰紀念；

二〇二四年二月十六日，次稿於Kroch圖書館。

自序——

想要轉化心情，看看蘇東坡吧

喜歡蘇東坡的人，都不是那種一板一眼、恪守成規、膠柱鼓瑟的人。先說一個小故事。

蘇東坡與北宋史學家劉攽，是好朋友。

有一天蘇東坡對劉攽說，以前他與弟弟蘇轍在寒窗苦讀時，母親都會為他們兄弟倆準備一道叫做「三白飯」的美食：「吃過之後，就再也不信人間還有什麼佳餚，能比得上這三白飯。」

說得這麼誇張，引起了劉攽的好奇，他問蘇東坡，三白飯是什麼呀？

只見蘇東坡故作神祕，然後說：「三白啊就是一撮鹽，一碟生蘿蔔，一碗飯。」

原來是鹹蘿蔔飯啦。鹽是白的，蘿蔔是白的，飯也是白的，所以稱之為三白飯。

這是蘇東坡信口謅出來戲弄劉攽的，自己不久也忘了。過了一段時日，蘇東坡收到劉攽的請帖，邀請他到劉府吃「皛飯」。蘇東坡欣然前往，想要看看劉攽請他吃什麼佳餚。

滿心期待的蘇東坡到劉府，只見桌上擺著一撮鹽、一碟生的白蘿蔔、一碗白飯。這下子，蘇東坡馬上明白，這回是被劉攽耍了。

蘇東坡吃個精光，並不說破，還對劉攽說：「為了報答你的款待，明天換我請你到寒舍吃個『毳飯』吧。」

劉攽知道蘇東坡一定會以牙還牙，但心裡實在好奇，第二天也依約來到蘇家。一見劉貢父，蘇東坡便拉著貢父坐下，天南地北地開講了起來。到吃飯時間過了，還不見毳飯上桌。餓個半死的劉攽忍不住說：「吃飯時間都過了，你那毳飯到底煮好了沒？」

蘇東坡大笑，用他的四川話說：「老哥啊，鹽也毛（無），蘿蔔也毛（無），飯也毛（無），這就是三毛（無），毳飯啊。」四川話將「無」唸作「模」音，而「模」讀音又接近「毛」，所以這「毳」就是：無鹽、無生蘿蔔、無飯。

劉攽一聽，知道自己中招了，大笑開懷。

玩笑開完、詭計得逞後，蘇東坡讓家裡人端上好酒好菜，讓劉攽飽餐了一頓。

劉攽大蘇東坡十五歲，算是他的長輩，也是當朝的學術泰斗之一，但蘇東坡仍然是很敢開玩笑的。

這就是蘇東坡。

話說蘇東坡目前的傳世故事，多半出自於宋人筆記之中，是真是假，多數無從考究。（如果有關蘇東坡每個有趣故事都要經過考證才當真的話，那麼天下所有《蘇東坡傳》也就不用寫了。）為什麼有這麼多蘇東坡的傳說？因為這些流傳甚廣的故事有個核心主軸，就是他的幽默感。

在那個枯燥正統到有點無聊的士大夫世界，他的幽默感是難得的落花繽紛。幽默感至少有兩個面向：一個是開得起玩笑，一個是想得開。在居高位時候還開得起玩笑，在困頓時想得開，還能自嘲。蘇東坡在幽默感上是古今學者表率。

有這樣的同事，你會覺得辛苦，還是覺得幸福？

他是個有趣的人，有儒家胸襟，又不墨守成規。只可惜，當朝並不是每個人都能夠消受他的玩笑，他身邊的同事們，沒才華又沒雅量的人不少，使他的人生一直在被「黑」，被黑到差點沒命。

在最慘的時候，他還是挺有幽默感的。被貶到惠州時，吃到了鮮美的牡蠣，他寫了〈食蠔詩〉，還寫信給大兒子蘇過說：「你可別告訴別人牡蠣有多好吃，以免朝中士人夫都爭相到南方來搶食。」吃了荔枝，也留下了名句：「日啖荔枝三百顆，不妨長作嶺南人。」你有看過被流放得那麼怡然自得，還如此「轉虧為贏」的人嗎？

苦雖苦，怨歸怨，但是他的「轉化」能力無人能及。他是一個最懂得「過去不用追究」、「今朝值得面對」的人，總是那麼坦然地看待沉沒成本。再怎麼倒楣，也不是不好好活的理由，什麼叫活在當下，他懂得。

再怎麼被黑，能跟蘇東坡比委屈的自古至今沒幾人。當然，我是指活著的；因被黑而作古的，那也就委屈無人解了。

所以我說：

委屈無人懂的，來學蘇東坡吧。

被黑到對人性快絕望時，來看蘇東坡吧。

想要真放下的，除了蘇東坡，歷史上大概也沒辦法給你其他偶像了。

現今世界看書的人已然不多，古人也都被遺留在塵封的墓碑裡，所以此序，以實用作為吸引力。

蘇東坡會是你很好的心理導師，雖然，這世界上沒有誰和誰的遭遇是一樣的。

本書從蘇東坡最慘的事情「之一」烏臺詩案寫起，非常白話，你會懂在那些無奈浮沉的風波中，一顆不隨波逐流的真心，一個具有幽默感的天才的故事，也是一個血肉扎實的人的傳奇。

目錄

如是蘇東坡

東坡元年

人都是在困頓中看見拐點的。

蘇軾也是。

他在四十六歲的時候，在黃州，一種他之前沒有想像過的生活中，他才自號東坡居士。這個東坡，是扎扎實實的血汗之坡，他在那片向陽坡地上種糧食、種果樹；因為不得已，因為窮，也因為無事可做。

那是從少年開始被稱為文豪、順利仕進之後，從未想像過的生活。原以為這手是用來拿筆的，沒料到現在得天天拿起鋤頭。

此時他半是農夫、半是文人，半是官、半是罪人。說是官其實沒事管，說是罪人，讀過他詩的天下人和他自己，都不認為他有罪。

這是他人生的分水嶺。不是很久之前仍然冠蓋滿京華逸興遄飛、想說什麼就寫什麼，但也在不久之前曾被死亡殷切問候，差點含冤而死；僥倖逃生之後，才覺得能夠過著像陶淵明一樣的日子也不錯。此時沒想到，又在不是那麼久的將來，還能回京；然後，也還有更荒涼的命運在等他。

蘇軾的個性，注定要與窮神共處。因為他徹底不在乎。在黃州之前，他出任過不少地方長官，做了不少事，有多少、花多少，是他的理財方式。但他的貧窮感是在被貶到黃州之後真切浮現的。他說：若問我貧天所賦，不因遷謫始囊空。本來就是個不在乎有沒有積蓄的人，一被貶謫，保住了命，馬上面臨到零俸祿的生活，手上的餘錢只能支撐些時日，還有一大家子要餵飽。多數的家人沒有到貶謫地同住，暫時與他弟弟蘇轍同住；然而與他同來的家人，還是要靠他提供溫飽。

該怎麼謀生呢？這時候，一個窮朋友來找他，幫了大忙。這個朋友叫作馬夢得，年輕時在太學裡當個訓導行政的小官，當過蘇軾的幕僚，和他結為好友。有人傳說：某一天，蘇軾在他家的書房牆上題了一首詩，他愈看愈感慨，就辭了官浪跡江湖去了。聽說蘇軾被貶到黃州來，他不遠千里來尋他，也為大文豪帶來一線生機，向地方政府申請到五十多畝的廢棄坡地，蘇軾當了自耕農。

蘇軾開始籌劃開墾。低溼的地方，種稻；較為平坦的地上種棗子和桑樹、栗樹；視野最好的地方蓋個屋子……此地多半是坡地，坡地雖然可以使用，但這個夏天缺乏雨水，就算開墾了坡地，水源也成問題。還好他在將荒地上雜草燒掉時，竟然發現一口藏在荒煙蔓草中的井。這口井的出現讓他興奮不已。然後，老天爺也來幫他，久旱又逢甘霖，從山坡上流下的雨水，又讓他發現自己的土地上有小小湧泉。那坡地就來種茶、種橘子吧？不遠處有個池塘，水塘邊可以種些水芹菜；為了要消滅那些雜草，還可以養牛、養羊、養鹿……他一邊揮汗如雨的耕作，一邊已經想到了不久之後的快樂收穫。或者可以來個「水芹芽燴斑鳩」？

蘇軾把這個山坡命名為東坡。東坡兩字，取自白居易的詩。蘇東坡向來喜歡白居易，白居易曾在東坡種花，也曾經寫過〈步東坡〉一詩：「朝上東坡步，夕上東坡步。東坡何所愛，愛此新成樹。」有了此號，此年就是蘇東坡元年了。

照理說，一個人遭此噩運，應該是早埋怨、晚嗟嘆的，然而他卻像一個重新出生的人，似乎愛上了這種自耕自食的生活。只有午夜夢迴時，還有一些對無常人生的感慨。感慨偏向自嘲，自嘲中也有一種豁達；他笑自己謀生拙，「團團如磨驢」，就算是「夢斷酒醒山雨絕」，也還有「笑看飢鼠上燈檠」的小小瀟灑。

這時，他和十多年後想要他命的章惇，還算是好朋友。他還曾回信給千里之外的

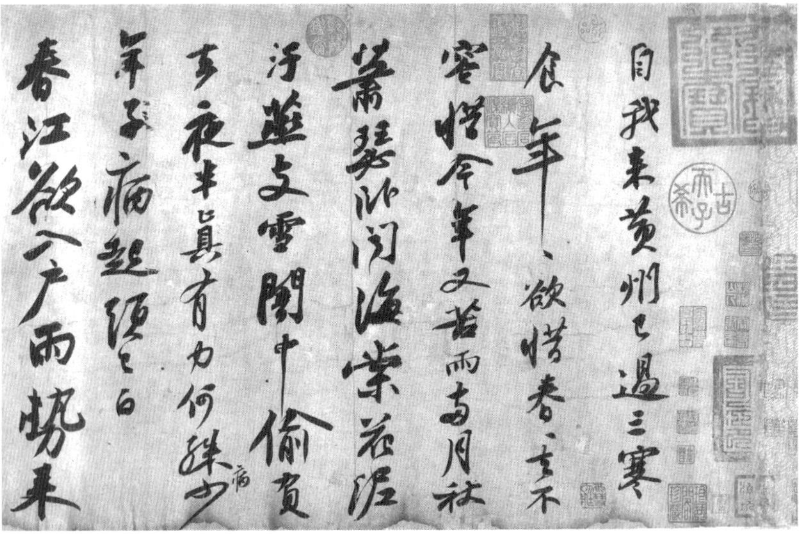

⊙ 蘇軾於1082年流放黃州時撰寫〈寒食帖〉，獲譽為其現存最出色的書法佳作。（國立臺北故宮博物院藏）

章惇，說自己的一頭牛，差點病死了；請獸醫來，也看不出是發生了什麼問題，還好自己的妻子王潤之也出身自農家，知道這是一種叫做豆斑瘡的病，只要拿一種叫做青蒿粥餵牠就好了。治好了一頭牛，他以妻子為榮，開心叫好。房子落成了，好歹可以安居；雖然沒有俸祿，還可以靠自己的勞力把全家餵飽。一個被下放、不知道何時又有人來找麻煩的知識分子，讚美起黃州價廉物美的生活來了。他說這裡山水佳絕，酒也釀得好，盛產橘子、柿子，芋頭好大一個，和他的故鄉一樣。跟北方一樣有羊肉吃，豬肉、牛肉、鹿肉價格便宜如土，魚蟹根本就是不要錢的……只要你能夠在烹飪上發揮一點創意，那麼此地還真的無可挑剔。

長江中魚肉鮮美，山坡上有好筍叢生，東坡在這裡做出了好吃的魚羹。新鮮江魚，微鹽，加上切碎的菘菜心、各種野菜一起煮，和著蔥白一起烹個半熟，再放入薑、白蘿蔔汁與酒，再以橘皮切絲調味，這是東坡引以為傲的魚羹。再來就是後來聞名於世的東坡肉了。當時羊肉為上品，豬肉被嫌腥。但此處豬肉賤如泥，不好好吃它就對不起沒啥錢的自己，他也研發了一道東坡肉。〈豬肉頌〉是這麼歡欣鼓舞的歌詠著：

淨洗鐺，少著水，柴頭罨煙焰不起。待他自熟莫催他，火候足時他自美。黃州好豬肉，價賤如泥土。貴者不肯吃，貧者不解煮。早晨起來打兩碗，飽得自家君莫管。

隨著這首詩，一幅活生生的農家樂呈現眼前。說他悲極生樂也好，說他自得其樂也行。虧得此處附近的縣令都待他不薄，知道文豪愛酒，常常會遣人拿好酒來送他。邊吃肉、邊喝酒，何等美事。

東坡還覺喝不夠，自己從道士那裡搞了一個祕方。養了蜜蜂取蜜來發酵白酒，還作了一首〈蜜酒歌〉。不過，雖然他很欣賞自己的新創酒，但眾人都覺得過甜，而且蜜酒放久了再喝，還會拉肚子，所以也就只做過那麼唯一一次。

不說生活清苦，他看的都是正面之處。在不得已中，還用一種「既然如此，那我也就來做點什麼好事」的態度來面對人生。一個文人的歷史悲劇，也可以被他漸漸活成平淡的生活喜劇。

黃州還有不少古道熱腸的朋友，也有一些是因為政治立場不同被排擠來此偏鄉的官員。東坡胸中沒有什麼階級，四海皆兄弟，一起吃肉喝酒，煮茶作詩，還比在京城痛快。帶罪貶謫的官員，要受地方長官監管，他偏又幸運遇到一個同是進士出身的知州徐大受，把他當兄弟看待，逢年過節，就會邀請他在黃州名勝地共度，席間還有歌姬歌舞助興。這也是蘇東坡寫詞寫得最多的時期。醇酒美人在眼前，他稱自己「老大逢歡，昏眼猶能仔細看」。才二十出頭的名畫家米芾也慕名來此地拜訪他，與他談詩論畫；他在耕作之餘還能有空寫書，《論語說》和《易傳》都是此時的作品。

倒楣點是他的人生拐點。如果不以官位論成就，此時的他，雖然面對渺茫未來，人生卻得了閒，可以做學問，可以交朋友，可以更有想像力，天地就變寬了。

做點好事，是蘇東坡面對生活的態度。一個自顧不暇的戴罪官員，救不了自己性命，卻不忘救命。過去他在密州當長官時，發現當地只要遇到荒年，養不起孩子，路上常出現棄嬰。當年他曾下令，生子者每個月官方發米六斗。一年之後，和本來想拋棄的嬰兒有了感情，孩子也就得以在本家存活，不會再被拋棄。在黃州，他也建議知州以法令禁止殺嬰，請本地富有人家，每戶每年定期捐獻，只為使貧家有錢撫養自己的骨肉。手頭沒錢的他，也認真的捐獻，要人家好好養自己的孩子。

問汝平生功業，黃州、惠州、儋州。

蘇東坡自己這麼說。這三地，都是他與命運角力、備受政敵誣陷的人生低潮之地。這是自嘲，也是自評。在困頓的日子，心情未必盡好，在職涯路上最是荒涼，但對於人生而言，感受的確豐富。

黃州，是東坡元年，是他暗夜行路的第一程。他還是有滋有味的活著。心裡最大的愧疚，是自己連累了一家子，也連累了他所有交往的朋友。

朋友不怪他，他還是不免自責。此時他寫的詞，仍為眾人傳頌。某個秋天的夜裡，蘇東坡和朋友們在江上飲酒，江風吹得他酒醒了，回家卻不得其門而入，他寫下：

夜飲東坡醒復醉，歸來彷彿三更。家童鼻息已雷鳴。敲門都不應，倚杖聽江聲。
長恨此身非我有，何時忘卻營營。夜闌風靜縠紋平。小舟從此逝，江海寄餘生。

寫的是感嘆，說的是人生看開了就好。這是我最喜歡的東坡詞之一。〈臨江仙〉一詞，傳說曾鬧出一個「蘇東坡逃亡」的鬧劇。此詞傳到太守徐大受時，太守緊張了，因為看守蘇東坡畢竟是他的職責，人逃了會被朝廷問罪。太守立刻前往東坡家，發現他還在呼呼大睡，鼾聲如雷，大笑而去。

這段時間，蘇東坡的病痛不少。有時咳嗽，有時得瘡（描述起來像是俗稱「皮蛇」那樣的病狀），又有眼疾……他習於把樂處和慘況都寫成詩文，不時寄與友人。當然，有些又成為他後來的罪狀。在偏鄉的他仍然受到關注，所以引來不少謠言：除了有人傳說他逃了，也有人傳說他死了。傳說當時討厭他、降罪於他的宋神宗也聽聞了他的死訊，信以為真，飯吃到了一半，感嘆此人之才難得，就不吃了。

此事若為真，神宗未免有些貓哭耗子。這些描述都出於後世文人的筆記，不過是後世文人心中的同聲惋惜，想要讓皇帝有反省一下的能力。他的真朋友聽聞他因病過世的謠言，是真關心，派人到他家去看，看他好好活著才安心。蘇東坡知道朋友派人來看他死了沒有，自己也莞爾一笑；他回信給朋友說，他「平生所得毀譽，殆皆此類也」。一切都是文字惹禍，成也文字，敗也文字，因文字而為人稱道，因文字而成謠言，因文字而獲罪。

如果沒有黃州，就沒有〈赤壁賦〉，也沒有傳頌近千年的〈念奴嬌〉一詞。閒來無事，蘇東坡常和當時陪著他貶謫的大兒子蘇邁一起到他們發現的「祕境」遊玩。那是一片赤色的崖壁，其下有滔滔江水，灘上有五色石子。據不少學者考證，這引發他思古幽情的赤壁，是三國赤壁的可能性低微。這只是蘇東坡心中的文學赤壁，並非真正的古戰場，他自己也知道不是。然而因為他的詞與文，此赤壁在文學中卻有極濃的赤壁分量。

大江東去，浪淘盡，千古風流人物。故壘西邊，人道是，三國周郎赤壁。
亂石穿空，驚濤拍岸，捲起千堆雪。
江山如畫，一時多少豪傑。
遙想公瑾當年，小喬初嫁了，雄姿英發。羽扇綸巾，談笑間，檣櫓灰飛煙滅。
故國神遊，多情應笑我，早生華髮。
人生如夢，一樽還酹江月。

每來此赤壁，蘇東坡必吟詩作賦。東坡的詩詞，結論與上一闕〈臨江仙〉相似，尾鋒一轉，其實都有著同一個「蘇東坡」味道：你計較些什麼呢？不就是個宇宙微塵，一場夢啊。得與失，你看開一點……你喜你悲，對於這江上明月與江浪滔滔，都沒有什麼不同。雖然是這麼說著，然而我還在這裡奮力過一生，如同那些歷史人物一樣，畢竟盡其在我過，把典型樹立過。

有人說那個味道，叫做豁達。

這個赤壁，非常蘇東坡，也專屬蘇東坡了。

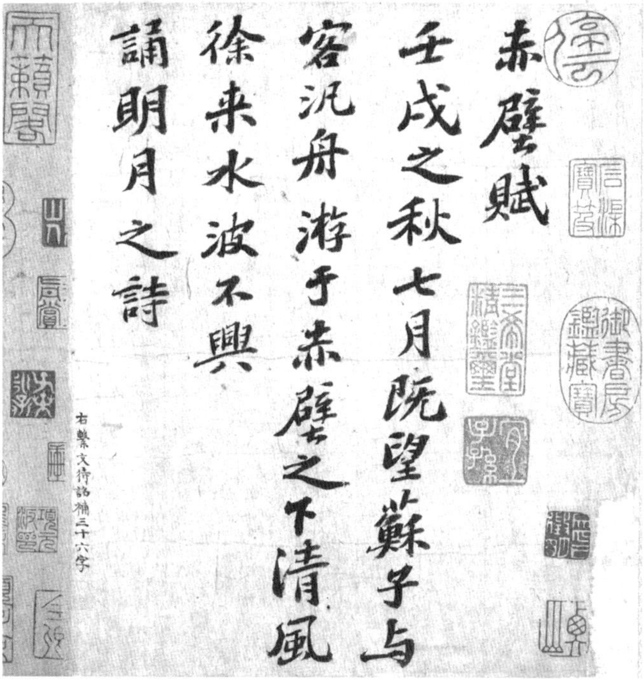

⊙ 蘇軾所書〈赤壁賦〉是現今僅存的赤壁賦手跡。全篇運筆沉穩，墨色清潤，顯得平和圓融，與詩文中曠達的人生觀相契合。（臺北國立故宮博物院藏）

深知人生過了一半以上，飽嘗壓迫的蘇東坡明白，時間才是最大的壓迫者。舉目所見的美景，是造物者之無盡藏，而人生短暫，人到中年，盡處已然不遠，挫折如月盈月缺，何必執著於失落。在黃州三年，東坡雖然困乏，吃肉、烹魚、喝酒，還是坦然享受不幸中之幸。

窘迫之處，哀哭不難，依舊能歡笑才難。日後東坡的人生仍有他想不到的大起大落，人格難改，但態度是可以訓練的。所謂豁達，究竟也是磨難調劑出來的。

群鴉圍攻

好事、壞事，你想先聽哪一個？

多數人寧願先聽壞事，再看看那好事能不能稍微寬慰自己？就算天全被染黑了，留一線幽幽微光，也好。

就跟我們希望人生是倒吃甘蔗，愈吃愈甜才好。

不過，多數人的人生都不是這樣。

蘇東坡的少年時期，應該算是平順的。出生於天府之國，仍可稱為名門之後，雖然對於都城而言，他也算是個鄉下來的，但是家裡畢竟還是殷實富農家，有飽讀詩書的父親，有擅長治家的母親。雖然他曾經感嘆「人生識字憂患始」，但是，他在蜀地的日子，在他一生中，算是最平順的了。

他人生中第一個人為的劫難，因言惹禍差點丟掉性命的案子，就是「烏臺詩獄」。

跟在刑求中送命比起來，或許你也會認同，就算是被貶謫荒野，也是好事。那就是在他到黃州當農夫之前發生的案子。

簡單的說，叫做欲加之罪，何患無辭。

蘇東坡差一點變成宋朝第一個因為寫作被殺的士大夫。

這個案子，總讓我想到《詩經．邶風》裡的幾句詩：憂心悄悄，慍於群小。覯閔既多，受侮不少。……我悲傷擔心，為那些小人所嫉恨，受盡了他們侮辱和輕視。兩千多年前，小人就層出不窮了，現在也沒少過。

如果你嫌上面幾句咬文嚼字的話，那麼，這事可以說是欲加之罪，何患無辭。要陷人於罪是很容易的，在古代，若要抄家滅族，必要說他謀反；若想讓他丟烏紗帽，終身永不錄用，那就讓他得罪皇帝。

這不是歷史上第一場一群烏鴉咬鳳凰的言語戰爭，初看蘇東坡被這麼的誣陷對待，委實有些不忍心。在歷史上「文人算是最被尊重」的宋朝，那麼多人想要蘇東坡去死，還真是不可思議。

蘇東坡這個人，當時也沒有什麼權勢，他有的就是那枝筆。他那種喜歡把什麼事都寫下來，看不順眼的事一定要發表意見的性情，贏得了真朋友，也少不了真敵人。

我說是烏鴉，是用對了典故。「烏臺詩案」，烏臺是什麼臺呢，就是御史臺。漢代的御史臺園中有好多柏樹，柏樹上有不少烏鴉棲息，所以又稱為柏臺或烏臺。說是一群烏鴉，一點也沒有錯。

這件事情發生在宋神宗元豐二年（1079）。算是宋朝最著名的文字獄了。此時的蘇軾還未自命為東坡居士，正從徐州知府移任到湖州知府。他其實還挺適合當地方官的，而每到一地，地方人民都知道，來的長官是個真能做事的，還是名聞天下的大才子，也都大表歡迎。

問題在於他得罪了當權的新黨。新黨，起源於王安石。王安石是個有抱負的人，他認為，想要改變宋朝積弱不振的狀況，一定要改變法制，富國強兵。然而，有抱負卻不通人情世故的人，如果來負責大型改革事宜，也是最危險的。王安石，對自己的堅持非常執著，很難承認自己的想法有錯，有「拗相公」之稱。他才高八斗，所以驕傲；即使位居高位，他仍不愛洗澡，身上都是虱子也不管。（也許你不認為這有什麼關係，個人衛生是他自己的事。）我是這麼看的：他還真的完全不在乎別人對他的看法，對於從政者來說實在不是眾人之福；不管生靈塗炭，他還是會認為自己正確。這樣的人聽不見別人的意見，也不會真正在乎什麼才是現實，他會因保守派的反對變得愈來愈偏激，那些會全說他正確、對他諂媚迎合的人，都是小人。甚至王安石本人，後來也受到他自己提拔的小人所累。

不過，想要殺掉蘇東坡的，並不是王安石。彼時王安石已經罷相，在江寧（南京）做官，並不在權力中心。他當權時，並沒有積極找過大鳴大放的蘇東坡麻煩。是以，新法雖然也因實行太急使得不少百姓被地方官吏逼得難以生活，倒沒有人認真唾罵過王安石是個小人。

難辭其罪，是因這些御史臺的烏鴉們到底還是王安石的黨羽。

蘇東坡成為「他們」想要肅清的異己。一個最會放話的人。

「烏臺詩案」，慍於群鴉，史上很少人直接怪罪王安石，甚至連蘇東坡自己，後來都不將此事歸在王安石頭上；但在我看來，事情並不這麼簡單。小人是誰養的，那麼他就是禍首，不能辭其罪。也很少人怪罪於當朝天子宋神宗，認為他不過是被小人弄得糊塗、豬油蒙了心。然而，是誰昏庸置那麼多人的苦難於不顧，又容不了別人的譏諷？一個不能容人的長官，旁邊肯定都是小人圍繞。也可以說，當年三十而立的神宗，在沒有王安石的輔佐之下，被王安石帶出來的那批褊急小人包圍了，而他自己也想要一展神威，那個向來愛議論的蘇東坡，就成為一個被殺雞儆猴的祭品。

為什麼是蘇軾？他是當代暢銷作家，整他一個，可以嚇倒一百個。

封建時代，是不能檢討皇帝的。

自古昏君，不是怪女人，就是怪小人。因為君權至上，沒有人敢要他們捫著心問問。

余秋雨寫蘇東坡時，將小人的個性形容得十分透澈。

他寫小人，感嘆的其實是歷史上有良知的知識分子遭受小人陷害的悲劇。這些悲劇層出不窮，每個朝代都不缺，現在時時刻刻也都還有，氣息世代綿延。

先來說說余秋雨認定的小人特質吧。

小人，「由於他們的出現，祥和的人際關係變得緊張、尷尬、凶險……他們是一團驅之不散、又不見痕跡的腐蝕之氣，他們是一堆飄忽不定的聲音和媚眼。」

綜合余秋雨所說的小人重要的行為特徵，小人性格可歸類如下：

一，小人見不得美好。所以鬼鬼祟祟地把一切美事變成醜聞。

二，小人貪愛權力。不管講得多麼冠冕堂皇，他們投靠誰、背叛誰、效忠誰、出賣誰，內心裡想的都是一己私利。盤算的是：嘿，這對我有沒有好處啊？

三，小人最不怕麻煩。小人知道愈麻煩愈容易把事情搞渾。把事情搞得愈複雜，獵物愈容易殲滅。

四，小人辦事效率高。也就是小人勤快，不怕阻力……唉，這個力氣用在正面多好。

五，小人不善罷甘休，超有毅力。不會放過被傷害者。沒有搞死你，小人就沒有安全感。夜路走多，就總是想著要殲滅鬼。

六，小人喜歡博取同情。為得同情，不惜裝弱者。他們在還沒有陷害你的時候，都還會讓你覺得他們的手是溫暖的。

七，小人擅長使用謠言製造氣氛。說謊和造謠是小人生存的本能，「大體上合乎淺層邏輯，讓不習慣實證考察的人，一聽就立即產生情緒反應。」

其實，這些描寫也對小人太客氣了。當小人不難，只要為了自己利益，主動陷人於罪，那就是小人；恩將仇報，不但是小人還是爛人；看不得人好，怎麼會不是小人。只要有人反對他，他就想弄死那人，必然是小人；為了自己未來要斷別人的可能之路，也是小人……偏偏小人通常在入戲時，還真是正氣凜然，不認為自己是小人。

然而，但凡會那麼痛快淋漓罵小人者，都是吃過小人虧的人！

小人，一時未必看得出，但日久必定見其心。是功是過，就算買通了史官也遮不住。

蘇軾明明在外就任知府，也不在中央爭權奪利，但是他那枝筆太有危險性了。小人們群起攻之。

這是一個「非弄死蘇軾不可」的計畫。且容我不客氣地將小人們一一點名：沈括、李定、何正臣、舒亶、李宜之、張璪。這些都是當時所謂的「新進」。說這些御史是小人，歷史上大概不會有人有意見，除非是他的子孫。誣陷手法十分卑劣，方法卻很簡單，就是讓皇帝認為蘇軾是個討厭的敵人。

沈括，之前在中學的歷史課本中曾經出現過，算是宋朝值得一提的「科學家」。他懂的事情多，通天文曆法、醫藥、音樂、卜算，肯定是個智商相當高的人，文學才華也是有的。然而智商好，性格並不一定佳，在那個除了政治之外沒有別的出路的年代，為了爭奪生存空間，他的想法大致有二：一是我沒什麼背景，一定要靠到最厲害的那一邊；二是賽道有限，如果能夠把前面那個最厲害的弄倒，我就可以晉一級了不是嗎？王安石變法時缺人才，他很快地靠到王安石那一邊，竭誠擁護，然而王安石也看出來了，這個人恐怕有問題。「保甲法」將行之際，神宗曾經問王安石，那個沈括很有才幹，可否用他？王安石直白地說：「他是小人，不可親近。」

旁邊小人那麼多都沒看出來的王安石，獨獨對沈括有意見，顯然沈括小人得明明白白，連不是很敏感的王安石也瞧出端倪。

沈括多有手段，可從他對付蘇軾看得出來。「烏臺詩案」發生的前幾年，蘇軾還在杭州時，沈括曾經當欽差大臣到杭州去，看看新法到底實行得如何。神宗還叮嚀他「善遇」蘇軾，他到了杭州，果然熱情對待蘇軾，臨走時還要蘇軾手錄最近作的詩，說要當友誼紀念呢。結果，那些詩變成了他查訪報告中彈劾蘇軾的證據，在旁邊寫了密密麻麻的注記，說蘇軾所作之詩，都在譏諷朝廷、暗辱皇帝。順便報告皇帝，你這新法人人稱讚，絕對沒有大家所說不便民的事情。神宗初時沒有太重視沈括的誣蔑，但滿朝文士都知道這件情事，還報給蘇軾知道，蘇軾就是嘆了口氣，對此事淡淡自嘲：呵，認識了沈括，還真不愁皇帝沒看到我的詩。

這是前奏曲，一個引子。沈括跟蘇軾實在無冤無仇，除了嫉妒心，還有他自己的「上進心」之外很難解釋。

不過，對於一個自信心並不那麼強，但自尊心很強的人而言，不斷地在他面前詆毀一個人是有用的。五、六年後發生的「烏臺詩案」，是李定等人勤快地再接再厲，之所以成案，就是因為神宗信了。

元豐二年春天，蘇軾由徐州移到湖州就任，依例要寫表跟皇帝報告，感恩一下。

〈湖州謝上表〉是這樣寫的：「……知其愚不適時，難以追陪新進；察其老不生事，或能牧養小民。」白話的意思，就是謙稱「陛下知道我愚昧而不合時宜，無法和新來的傑出同事共同效力，謝謝皇上明察我年紀老大了，不至於亂搞事情，勉強能夠用來管理一下一般人民。」

聽起來沒什麼大問題吧？我覺得沒有。雖然，這個自謙或許有一點酸味。就是微酸而已。

但是李、何、舒、張等人就開始「生事」了。他們也準備很久了，因為也是讀書人，特別會拿文字來詮釋別人的「真意」。從「烏臺詩案」，你可以看出，部分宋代文人，讀聖賢書，所學何事？就是造謠生事。李定把蘇軾〈湖州謝上表〉的這段文字解釋為愚弄朝廷，暗諷神宗；舒亶說蘇軾一定要好好整治，因為他影響力太大，「小則鏤版，大則刻石，傳播中外」。說蘇軾譏諷時事，大家卻將他的詩文爭相傳誦，所以「忠義之士，無不憤慨」，是社會亂源，一定要好好懲治。

憤慨的忠義之士何在？指的就是自己。

懷著特殊目的的人，也會把仁義道德當成凶器，把模糊的「大家」當成加害者。

此事預謀已久。此案發生的六年前，蘇軾老早不在權力中心，王安石施行新法，搞得民不聊生時，蘇軾曾經上了幾次萬言書給神宗皇帝，年輕皇帝終究沒有理會他的建議。蘇軾非常失望，又不想捲入黨爭，自請調離京城改當地方官，救不了天下，能濟一方之民也是好的。不過小人們並沒有因為他不在朝中而放過他。他們輪番進奏摺，把幾個人的意思搞成「大家都這麼說」，蘇東坡寫的每句詩，都能解釋為嘲諷新政。

扳倒一個有才華的，似乎也是一種出氣或出名的方法。

神宗年輕好名而氣盛，被這麼一連串的轟炸後，也認為蘇軾應該被整治一下。蘇軾上任湖州才兩個月，御史臺就派人來提他了。

那是一個燠熱的夏天，有人匆匆來報，官府即將來逮捕你了。京城裡蘇軾的好朋友王詵，娶了皇上的同胞妹妹，是皇親國戚，他先派人來通知。帶頭來抓人的叫做皇甫僎，裝模作樣地威嚇，讓蘇軾以為自己這次前去可能會變成死囚。他們還帶了繩子，把蘇軾綁了押走。

之前讀到余秋雨說，蘇軾被當成犯人遊街，真真是斯文淪喪，中國文化在丟人……大家所看到的，確實是「拉一太守，如驅犬雞」。這種狀況，是宋代重視文人的大反例。

蘇軾被當罪犯牽出來，固然愕然，但看到自己的妻子王夫人匆匆趕來相見，淚流滿面，非常椎心；於是想起之前聽過的一個真宗時代故事：之前宋真宗曾派人尋訪天

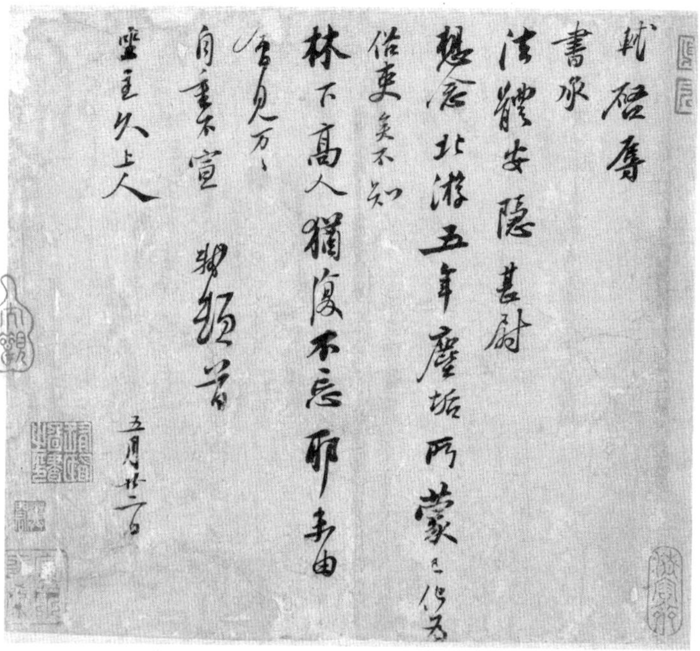
軾啓辱
書承
法體安隱甚慰
想念北游五年塵垢所蒙已化為
俗吏矣不知
林下高人猶復不忘耶未由
會見万々
自重不宣　軾頓首
寄至久上人
五月廿二日

⊙ 宋蘇軾尺牘（北遊帖）為元豐二年五月書寄祥符寺僧可久，時為任湖州太守的蘇軾離開杭州北上第五年，故謂「北游五年」。同年八月，蘇軾即因「烏臺詩案」入獄。（臺北國立故宮博物院藏）

下隱士，找到了一位楊朴，要他來朝見。皇上曾問他：你來，有人在跟你告別時贈詩給你嗎？

楊朴這麼說，只有我的老妻一人寫了詩給我：「且休落拓貪杯酒，更莫猖狂愛詠詩。今日捉將官裡去，這回斷送老頭皮。」

宋真宗聽了大笑，放這位老隱士回家去了。

蘇軾那時還有心情對王閏之苦笑說：你能不能跟楊處士的妻子一樣，作一首詩來送我？

死到臨頭，不忘自嘲。

王閏之聽到這話，收拾起了眼淚，蘇軾同這些捕快們快步出門，長子蘇邁亦步亦趨相隨。大家聽說蘇軾成為朝廷要犯，能避的都避了，卻還有真正的好朋友，一直送到郊外。其他的蘇家人，都收拾了行李，到蘇轍那邊去避風頭。然而，就算是對這些婦孺，小人們也不忘驚嚇一下。之後還搜查家眷們搭乘的船隻，嚇得家人半死，為了怕蘇軾的文字又成死亡證據，蘇軾之前的作品因此被燒了十之七八。

來押解的人，把氣氛搞得肅殺不已，因而蘇軾認為自己可能死罪難逃。他想到自己必然會連累家人朋友，如果現在自我了結，或者還可以結束這番株連。行程中的某一天，在太湖江上，蘇軾心想，不如跳江自盡算了。

或許應該感謝那個不想搞丟欽差要犯的小卒，他一把拉住了蘇軾，把他看得更緊，讓他求死不得。

這麼死了，小人們可能沒有什麼成就感。

這麼死了，文學上少了好多傑作。

死不成的蘇軾，只能望著天上皎潔明月光。他心裡其實是知道怎麼回事的，卻不知等待他的未來，到底是什麼慘狀。

爛心情不如換一場呼呼大睡

燠熱難忍的天氣，像囚徒一樣被綑綁入京，是蘇軾一輩子沒有想過的狀況。同樣是入京，那年他只有二十歲，和父親和弟弟離開蜀地的老家，走古棧道前來，花了兩個月的時間，帶著好奇的心情想要看看京城的模樣。偏不巧入京時，京城正為水災所苦，處處在排洪在救災。第一次來京，雖然也飽受波折，但心情和這一次是完全不一樣的。

昔時年輕氣盛意氣風發，今日卻成為階下囚。有個被別人編派好的罪名，像幢幢鬼影，面目模糊地在前方等待著他到來宰割他。來押解的小吏認為這位被繩子綑縛的太守，大概也沒有重見天日的一天了。小吏施展了好大的官威，極不客氣，讓蘇軾和他的家人都以為他是要被押去處斬的。

本來想跳水一了百了的蘇軾，被拖到了京城，關在一個陰暗的牢房裡，狹窄到連轉身都有問題。唯一的光源，是屋頂的天窗，更像被關在一口井中。御史臺早已經準備得很豐富，蒐集了他所有的詩作，找出可能有問題的幾百段文字，查詢了與他有詩文贈答的所有關係人，一一審問：這個是在譏諷當今皇上嗎？這是在批評聖上的施政嗎？如果不承認，就沒完沒了的辱罵。

看看這首詩。蘇東坡在杭州任太守，觀錢塘江潮時寫下：吳兒生長狎濤淵，冒利輕生不自憐。東海若知明主意，應教斥鹵變桑田。意思是：吳地青年生長在深淵怒濤之旁，為利輕生不自憐（當時下旨禁止人民弄潮）。東海如果知道明主的意思，應該把鹽鹼地變成桑田，這樣人民就能耕作了……

先說時代背景，當時鹽政猛於虎。

北宋將鹽視為國家財產，嚴禁私煎、多煎、私買、私賣，一併由官府主理，官府再將徵購所得食鹽，大幅抬高價格，招募酒坊在當地販售，獲取高額利潤。俗話說殺頭生意有人做，賠錢生意沒人做。對生在鹽鹼地的人，鹽真是唾手可得，當然有人偷偷煮鹽自用或販售。官方則以連坐法獎勵告發，以鹽犯家產作為賞金。被抓到的，不但家產被人瓜分，自己和妻兒也會被施以黥面，流放異鄉。鐵腕一實施，就讓江浙之地的人動輒抄家入獄。蘇軾向來關心民生問題，反對朝廷與民爭利，他說他看見不平之事，就好像一隻蒼蠅卡在喉嚨裡，不吐不快，卻又無權過問，所以在杭州常寫作詩文加以譏刺。就算知道可能惹禍，也還是要說出來為人們出口氣。

蘇軾供稱，此詩的確在暗諷新法之鹽法為害人民，而逼供者則卻要他承認他在譏嘲皇帝好興水利，蓄意毀謗。這是栽贓竅門：一定要扯到皇帝，才能成立謗上之罪，此罪和謀反也可以畫個模糊的等號，死罪。

蘇軾寫給同樣反對新法的司馬光和范鎮的詩句，也被找出了麻煩，還牽連了駙馬王詵、蘇軾的好朋友王鞏（蘇軾恩師張方平的女婿）、李清臣……等，還有他的弟弟蘇轍，就是期待一網打盡，證據蒐羅得很詳細。南宋時有人將這些為他羅織罪名的案宗編為「烏臺詩案」，哪一條是將誰入罪，注釋得很清楚。審問者的招數，也跟之前的某些特務機構如出一轍，反正各國都有類似機構，你不承認嘛，就不放手，日夜辱罵鞭打，直到你承認他們是對的為止。蘇軾遭受到什麼樣的款待，旁邊有關切者記了下來。那人就是開封府尹蘇子容，就在隔牆處旁邊問犯人，曾記錄說蘇軾被「詬辱通宵不忍聞」。李定是這個案子的主要打手，檢察官兼裁判長。有個可信的記載是這樣的：有天，李定和其他官員在等候早朝時，他和旁邊的官員聊天說：「蘇軾真是奇才！」

「明明是蘇軾一、二十年前寫的詩文、用的典故，不管怎麼問他，一問就答，一個字也沒錯！」據說李定說完，還嘆息良久。

嘆息什麼？是羅織得不夠徹底，還是自嘆弗如？不可得知。但這也出自宋人筆記，充滿對蘇東坡的同情。

就這樣囚禁拷問了兩個月，派了一個以文字傳播反叛朝廷言論，意圖影響眾人的罪名。他們回皇上說，蘇軾都已經承認了。曾經接獲蘇軾詩文，與他有交情的人，多半是反對新法人士，也被判定應該一概論罪。

駙馬王詵夠倒楣。他為人有豪氣，喜歡結交朋友，也常常送蘇軾禮物，因而也被處罰。他被神宗叫去問話。身為神宗同父同母妹妹的駙馬，問完話後和神宗抱怨道：「從今以後，我再也不敢交朋友了！」

神宗只好回答：「如果是溫良的士大夫，往來有什麼關係！」

從此話來看，蘇軾當時在這個年輕皇帝心裡，顯然不是溫良的士大夫。蘇軾聽說了此事，後來還曾對王詵自嘲：「原來，我的底子不溫良！」

蘇軾平時就愛寫文章，和當世文人書信往來，接過他書信的，如果不跟風說他壞，也都有事；不是被貶官，就是被課罰金（當時繳的是銅數斤）。傳說蘇軾準備了一顆丹藥，以備被折騰不堪時吞食自絕。幸得當年有個獄卒梁成，非常仰慕蘇軾，所以多加照顧，每天都會幫蘇軾燒壺熱水給他洗沐，讓他稍得寬慰。有一夜，蘇軾覺得自己可能熬不住，熬住也活不成了，要梁成將他寫的幾首詩送給他的弟弟蘇轍。〈獄中致子由〉其中一首，應該可以當選最感人的「致兄弟」的詩：

是處青山可埋骨，他年夜雨獨傷神。與君世世為兄弟，更結來生未了因。

還有寫給妻與子的。像是一個委屈的孩子在向親人訴苦：

柏臺霜氣夜淒淒，風動琅璫月向低。夢繞雲山心似鹿，魂驚湯火命如雞。
眼中犀角真吾子，身後牛衣愧老妻。百歲神遊定何處，桐鄉知葬浙江西。

妻賢子孝，兄弟友愛，如今都承受不起了。這幾首詩都充滿了訣別的味道。經歷過生離死別者，讀了都很難不傷神。

知葬浙江西，就是許葬西湖。就在他陷入黑牢裡的時候，也有人默默地為他祈福：那些杭州和蘇太守一起築堤的父老兄弟們，為他築了一個道場為他祈福解厄。蘇軾聽說，還許願死後埋骨西湖山上，天天看著這個他最愛的湖。

想害他的，其實只有那一小撮人。人民想救他，弟弟更想救他。蘇軾一被抓，蘇轍就上書皇帝，希望不要判蘇軾死罪，願意用自己的官位來相抵。蘇轍和他的哥哥個性不同，向來是個不發狂語、行事小心的人。奏書用字非常謹慎，而表達又十分感性：

若蒙陛下哀憐，赦其萬死，使得出於牢獄，則死而復生，宜何以報！臣願與兄軾，洗心改過，粉骨報效，惟陛下所使，死而後已。臣不勝孤危迫切，無所告訴，歸誠陛下，惟寬其狂妄，特許所乞，臣無任祈天請命激切隕越之至。

說的是：只要你放了我哥，我萬死不辭！你要我做什麼都可以。只要你讓我們團聚，我會陪哥哥一起改過，用一輩子報效陛下。

他們是史上情感最深厚的一對兄弟。

上書救蘇軾的，還有完全不怕被株連的朋友范鎮，以及恩師張方平。

然而，真的救了蘇軾的，可能還是他曾經的敵人。

誣陷蘇軾的御史們，背後撐腰者是丞相王珪。後來傳說為蘇軾說項過的吳充，其實是新法的支持者，他是當朝宰相王珪提拔起來的；只不過，但因為政治看法不同，吳充後來常常和王珪唱反調。

傳說有一天，吳充得到了機會，問神宗說：「您覺得魏武帝怎麼樣？」

說的是曹操。

宋神宗說：「這何需多說。」

吳充說：「陛下總說以堯舜為師（王安石的主張），看不起魏武帝曹操，但是像魏武帝這麼猜忌的人，還能容得下禰衡。陛下想要以堯舜為師，連蘇軾也不能容忍，為什麼？」

（禰衡罵曹，很不禮貌，但他卻不是死於曹操手中，據傳死在黃祖手裡，而曹操此舉，被稱為借刀殺人。）

神宗素來「好名而畏義」的習慣，愛面子怕人說閒話，一聽就驚了：「我沒什麼意思，只是想叫他來問問，看看他到底有錯沒錯而已……他快要放出來了吧？」

其實，就算是政見不同如新法一派的吳充，也不希望蘇軾因此文字獄而死。傳說宋朝開國就有「祖宗家法」，其中一條叫做不殺士大夫。這也不表示宋朝未曾殺過讀書人，此事宋太宗就做過不少，但罪名肯定不來自於文字獄。

話說，宋朝一旦開了殺士大夫的先例，身為士大夫者，實在不應該高興才是。唇亡齒寒，他日若有酷吏請君入甕，難道不會禍害了自己？不幫別人想，也得幫自己想。

瞧，所謂小人，其實是思慮不周，沒周全地幫自己想過。

關切的還有大政敵王安石的弟弟王安禮。王安禮個性和王安石不同，個性豪爽敢於直言。蘇軾入獄時，他在皇帝身邊當修起居注記錄的官，每天都會看到皇帝。主審蘇軾的李定知道王安禮同情蘇軾，曾經警告他說：「蘇軾批評你家大哥，說話那麼鋒利，你可不要為他說話。」但王安禮終究沒忍住，還是對皇上說：「自古以來度量大的君主，不會把臣子的話拿來治罪。蘇軾是個有才華的人，只是一直沒有太多作為，所以心裡不免有怨。一旦因為這麼將他治罪，後世恐怕會批評陛下沒辦法容納有才華的人。」

神宗這麼回答：「我本來也沒有要深究，既然你這麼說，我就赦免他吧。但你不要告訴別人，因為蘇軾得罪的人實在太多了，我怕那些御史們會因你為蘇軾說話，把怒氣轉移到你頭上！」

接著發揮影響力的是神宗的祖母，宋朝三大賢后之一的太皇太后曹氏了。曹太皇太后當時正生著病，並不知道蘇軾被關進牢裡。有天神宗去看太皇太后，神情不佳，太皇太后問他發生什麼事？神宗說：「就是因為蘇軾常常毀謗我。」

曹太皇太后是這麼說的：「是蘇軾、蘇轍兄弟嗎？我記得仁宗皇帝當年在殿上策試回來，曾經很開心地對我說，今日為我們家子孫找到了兩個太平宰相的人才，我老了，可能來不及用他們，可以留給子孫用。」

聽說蘇軾已在獄中，她忍不住眼眶含淚說：「只是寫了詩就被關，應該就是得罪了小人；如果只是詩的問題，不過只是小錯，我病重了，不想再看到冤獄濫刑，搞得上下不寧！」

傳說對太皇太后和太后晨昏定省的神宗，後來以為太皇太后祈福為名，赦免死罪以下囚犯。過幾天，太皇太后過世了。蘇軾在獄中聽到赦令，心裡存著一絲希望，卻又不敢確認自己行將獲釋。此令一出，有人著急了。身為宰相的王珪，以及李定、舒亶等人，眼看著就要除掉眼中釘，卻因此功虧一簣，哪裡甘心？繼續向神宗搧風，想要將蘇軾打入死罪。

王珪說：「蘇軾的確有謀叛陛下的意思。」

「你怎麼知道？」

「他寫了一首詠雙檜的詩，說這樹：根到九泉無曲處，世間唯有蟄龍知。陛下是飛龍在天，他就是在諷刺你不了解他，所以才求知於地下的蟄龍。這就是有不臣之心。」

神宗說：「我知道這首詩。你也不必如此解釋，他說的是檜木，干朕何事？」

此時章惇果然還不是蘇軾敵人，在旁解釋說：「龍，未必說的是人君。」

神宗也說：「是啊，自古稱龍者多了，人稱孔明是臥龍先生，難道他也是人君嗎？」

王珪被問倒了。一時語塞。退朝之後，章惇跟王珪說：「你是想要殺掉人家一族人嗎？」

王珪說：「是舒亶告訴我的。」

章惇大罵這位長官：「您連舒亶這種人的口水也可以吃？」

蘇軾聽聞章惇曾經救他的事，在黃州寫信給章惇。章惇和他曾經是如此友善的朋友，他病了，章惇曾經帶藥給他，也救助過他。不過，那是章惇還沒有當權時。他也沒有想到，世事真難料，曾經助他於患難的朋友，竟然那麼決絕想要置他於死地，這又是多年以後的事了……

蘇軾被放出來之後，李定、舒亶怕他死灰復燃，一再上書，說他罪不容誅，希望神宗賜死蘇軾。還說蘇軾的朋友們：包括舊黨的司馬光、范鎮，三朝元老張方平等人，也應該殺頭。

幸虧這些急欲殺之的奏章，並沒有再被神宗接納。有關「烏臺詩案」記事，宋人筆記裡的軼事不少，孰真孰假，無從分辨。

還有一個傳說，神宗派人在深夜悄探蘇軾動靜。只看到蘇軾熟睡，打呼聲如雷。聽了報告之後，神宗說：「朕就知道，蘇軾是個胸中無事的人。」

臣下的痛不是痛，此話君主說得輕鬆。但無論如何，神宗也要找臺階下。蘇軾貶至黃州，官名是團練副史，「不得簽書公事」。還是罪官身分，褫奪公權。和他相熟的朋友，包括駙馬王詵等，被勒令貶官。和蘇軾有書信往來的，都被罰款。是朋友的，無人怨嗟。

也就是因為這一件文字獄，於是黃州有了蘇東坡。於是有了蘇軾的「赤壁」。蘇軾的專長，就是以文字惹禍，因此差點沒了一條命，他還敢寫嗎？

還是寫，心中有個聲音叫他不得不寫。只是之後幾年與朋友之間的書信往來少了，不敢回信，怕害了朋友。蘇東坡放浪山水間，與漁樵雜處，一起喝酒，自己耕作，研發美食，成為人生樂事。只有在午夜夢迴時，借景抒情。

曾經的驚弓之鳥這麼寫著：

缺月掛疏桐，漏斷人初靜。時見幽人獨往來，縹緲孤鴻影。驚起卻回頭，有恨無人省。揀盡寒枝不肯棲，寂寞沙洲冷。

——〈卜算子・黃州定慧院寓居作〉

曾經冷得齒牙顫抖，但是，始終沒有失去對人間的熱情。蘇軾還有他的堅持。別人沒看見，但他自己是知道的。

若無此番寒徹骨，蘇軾不會到黃州。黃州的日子，的確不如京城中舒服，對文學的蘇東坡而言，卻是一方沃土，他腳踏實地地活在天地之間，發揚了真性情。

來自蜀地的天才少年

人生就是這麼容易過啊。距離第一次離開家鄉入京城，到被貶黃州，蘇軾從中進士走入了仕途，已經二十多年。

二十多年，容貌改變了很多，腰身也渾圓了起來，只有個性是最難改，他有他永遠學不會的東西。

那個學不會的東西，是隱藏自己的看法、跟著人云亦云；是路見不平、假裝沒看到；是為了節節高升，就昧著良心。他面對世間，仍是一派真感情。

他跟他的祖先蘇味道（648–705），一點也不像。蘇味道是武則天當政時的宰相之一，河北人，也有文學才華，不過歷史評價，從來不太好。他有個綽號，叫做「蘇模稜」，模稜兩可這個成語是他留下來給後世的最偉大貢獻。

武則天求才時，問於狄仁傑，有沒有什麼人值得推薦？狄仁傑想了一下，說：

「不知陛下求才，是要這人才來做什麼？若只是起草文書的話，蘇味道是首選，他的才學無法替代……」在尚未顯貴時，蘇味道即有文名，被武則天招進朝廷之後，職位一路順利上升。

為什麼一個那麼有才華的大臣，身居要位，卻不把話說明白、講清楚呢？或許是武則天當政，肅清異己，嚴刑重罰的緣故。萬一把話說得太清楚了，就很容易被怪罪，重者抄家滅族。所以他發現了一個美妙的處世法則：如果不說個明白，那麼就不會有人說我有錯，所以就模糊己見，讓這邊的人聽來像這樣，那邊的人聽來像那樣，就不會受罰了。

來看看他「什麼都可以讚美」的能力吧。某日，唐朝京城突然下起了大雪。這個雪下得不是季節，凍死了不少人、牲畜，田野裡的麥苗也活不成。但蘇味道可就借題發揮了，連夜寫了一篇奏章給武則天，讚美這三月飄雪，是「瑞雪」。說是天公以此肯定了陛下的功績。武則天當然也很喜歡這文采燦然的好聽話，把文章傳給所有人，要大家都看一遍。大臣們大多叫好，只有一位叫做王求禮的，秉性耿直，忍不住說：「陛下，這次『瑞雪』凍死了多少人、多少牲畜，還未可知，怎麼就有人敢肯定這是瑞雪呢？如果三月的雪是『瑞雪』，那春天的第一聲雷就可以稱作『瑞雷』了？」說得眾人大笑，武則天也笑了。武氏本想褒賞蘇味道，後來就算了。

蘇軾顯然沒有遺傳他們家祖先的說好聽話基因。

蘇味道的處世方法看起來很安全，問題是政權轉移出現「黑天鵝」的頻率相當高。武則天晚年，「神龍政變」迫她還政，換武則天的兒子中宗繼位，蘇味道就因為依附武則天男寵張易之兄弟被貶到眉州。之後，在蜀地開枝散葉，這是不幸，也是幸。

這是蘇軾的父親蘇洵溯源的家譜所記載的。蘇家來自中原官宦之家，到蜀地三百多年，成為一個鄉紳世家。五代時期，天下大亂，蘇家家族因禍得福，在天府之國活得福泰安康。有田有產，在鄉人之間甚受推崇。這也是一個書香世家，子孫們都讀過書。有好長一段時間，不出一個官。

天下紛亂時，入仕並不是蜀地士人首選，他們自有優渥太平的日子可以過。宋朝平蜀又一統江南之後，開始鼓勵讀書入仕的觀念，也逐漸大開進士的錄取名額。蘇家也受到了影響。蘇軾的伯伯蘇渙，二十四歲就考上了進士，成為蜀人津津樂道的大事。蘇渙是蘇洵的二哥，彼時蘇洵才是個十六歲的少年，不學無術，每天在外遊蕩，鬥雞走狗，家裡的人也沒有太管束他。家裡為他說了一門親事，親家姓程，蘇軾之母程氏出身望族，父親是地方官，家裡相當富有。嫁雞隨雞，嫁到浪蕩子也沒法子，雖然丈夫不上進讓她覺得委屈，但她還是默默地承攬了所有的家務，並且主理了家中的紡織品生意。蘇洵打混到了二十五歲那年，終於覺得再這樣下去不行了，決定效法他二哥，讀書求官。不過，覺悟離成功總是有段距離，過程並不順利，落榜了好幾次。

在蘇軾出生之前，他父母求子之途也很不順利。結婚許久，求神拜佛好幾年，二十六歲才生了長男，卻在嬰兒時就夭折了。後來又生了蘇軾的姊姊八娘，接著才是蘇軾，又過兩年，生了蘇轍。

蘇軾自小身體強壯，活潑好動，愛玩的把戲很多，在好山好水的蜀地度過了愉快童年。蜀地的道士、尼姑很多，蘇軾從小就跟這些道士們相處融洽，也有道士誇他有貴人之相。那一首知名且柔情似水的〈洞仙歌〉，他自述，所寫的花蕊夫人故事，就是他七歲左右，一個九十歲的老尼姑告訴他的。老尼姑說自己年輕時曾經在蜀後主孟昶宮中當侍女，在仲夏夜裡，看見孟昶和花蕊夫人在摩訶池上納涼，說孟昶曾經為花蕊夫人寫過一闕詞。第一句就是「冰肌玉骨，自清無汗」。蘇軾在四十多歲時，想起了這個故事，認為這個起句，與〈洞仙歌〉的首句音律相符，於是就依此寫了〈洞仙歌〉。

冰肌玉骨，自清涼無汗。水殿風來暗香滿。
繡簾開，一點明月窺人，人未寢，攲枕釵橫鬢亂。

起來攜素手，庭戶無聲，時見疏星渡河漢。
試問夜如何？夜已三更，金波淡，玉繩低轉。
但屈指西風幾時來？又不道流年暗中偷換。

這是《東坡樂府》裡最浪漫的一闕詞，靈感來自於他幼年記憶。童年，父親為了求仕在外奔波，他的基礎教育都來自於母親。母親喜歡考他對歷史的看法，常問古往今來名人為什麼成功，又為什麼失敗。兒子總是對答如流。他最記得的是母親講《後漢書．范滂傳》時的嘆息。

范滂是東漢時人物，為人正直，做官時，貪官汙吏最怕他。東漢末年權力掌握在外戚和宦官手中，黨錮之禍就因宦官整頓那些不斷和他們唱反調的知識分子而產生的。范滂雖然當時已經辭官返家，也被株連在內。當時有位督郵吳導奉朝廷之命（就是宦官之命）要抓范滂，但吳導深知范滂為人，抱著詔令慟哭，遲遲不願出發。范滂聽說了，自己跑去縣府投案，連縣令都對他說：「我不能抓你，不如我官也不做了，跟你一起逃吧。」范滂不願意連累他人，決心慷慨赴義。母親趕來和他告別，范滂說：「我還有個孝順弟弟，可以幫我供養母親，我就算到了九泉之下，也可以孝敬過世的父親。希望母親原諒我，不要悲傷。」

這母親也是鐵錚錚的女子，說：「你如果今此遭禍，也可以和天下稱誦的李膺、杜密齊名，死又何恨。你名聲這麼好，在這樣的時代，本來就是很難平安活到老啊。」范滂死時才三十出頭，認識他的人同聲一哭。

蘇軾讀完范滂故事，對自己的母親說：「如果我將來想當范滂，可以嗎？」母親對他說：「你以為你能當范滂，我就不能當范母嗎？」

原是太平時代一段正義凜然的母子對話。

這個故事對蘇軾一生影響重大。個性與初衷不能改，當一個正直而勇敢的人，是家教也是使命。

蘇軾常常回憶起童年。和弟弟一起，找食物來餵鳥巢裡的幼鳥，鳥吃了，他們就高興得不得了；年節時，鄉人們充滿熱情地相互送禮，到別人家裡去吃飯、他和弟弟撐著眼皮守歲……其實也沒感覺到父親不在家有什麼欠缺。一直到十三歲，在外工作的蘇洵因父喪回到家中來，接手兩兄弟的教育。這年，他才有了「軾」這個名字，弟弟名「轍」。說蘇洵是古代愛車人，也不為過。

換父親當老師，日子就不太容易過了。蘇洵教子非常嚴厲，人家都說他自己屢考不中，只好逼兒子用功。蘇軾的父母有志一同，喜歡聽兒子們的琅琅讀書聲。他們那位進士伯伯，因為返家守喪的緣故，也成為姪子們的指導老師。

長蘇軾一歲的姊姊名八娘，奉父母之命嫁給了程夫人哥哥的兒子，看似親上加親、青梅竹馬，結果卻出乎意料，八娘不到十七歲時就過世了。如何過世，不可得知。八娘嫁過去之後，日子過得不好，舅姑夫婿不喜歡她……都是鄉里傳言。根據蘇洵文章裡列罪狀指責程氏，說這家人在鄉里中引發不少爭訟，不但有「寵妾滅妻」的問題，還貪財無恥、官商勾結、占人田產，是州里大盜。什麼難聽的話都用上了，為愛女抱不平，宣布與岳家生生世世斷絕往來。其中最為難者，還是那個想要當「范母」、個性也耿直的程夫人。她喪失愛女，又與母家斷絕了關係，丈夫看到她，恐怕也來氣。活在關係網絡密切的鄉間，痛上加痛，心裡有多苦。

男大當婚，蘇軾十九歲時，還在努力地讀書作文。家裡為他娶了眉山附近有一位鄉貢進士王方的女兒王弗，十六歲。

王弗，也有蘇軾母程氏之風，聰慧過人，知書達禮，擅長理家。

早期的婚姻生活，恐怕也沒有什麼太浪漫的成分。已經五十歲的蘇洵因為自己考試一再落第，連個功名也沒有，希望兒子比自己有出息，不時帶兒子尋求高人指點。這一年，少年蘇軾認識了他人生的恩師張方平。

張方平年少時也是個讀書過目不忘的天才少年，原本在朝為禮部侍郎，因平亂到了蜀地，結識蘇洵。他和蘇洵相談甚歡，希望將他推薦給在朝的歐陽修和韓琦，不過，推薦一介布衣的確困難，推薦信寫了之後都沒有回音。張方平後來看到了不到二十歲的少年蘇軾寫的文章之後，十分讚賞，認為這樣的人如果埋沒在偏鄉，就像千里馬被迫只能在小巷中奔跑一樣，太侷促了。也就是在張方平的建議下，蘇家父子三人，決心離開蜀地，就到競爭力最大的京城去考試，出蜀道尋找更寬廣的天空。雖說是地方知名鄉紳，但在蘇洵時家境已不寬裕，張方平還贊助了這一家子的旅費。父子三人出發後，家裡數十口人的生計，落在蘇軾沉默又認命的母親身上了。

世人皆知蜀道難。才子蘇軾，隨著父親，帶著弟弟，一行人騎著馬和驢子走出了從小生長的家鄉。他顧著欣賞奇山異水，滿眼新奇，對未知充滿渴望，初時沒有想到，這一出蜀，一生或許就很難再回頭。走在秦時就已經開鑿的蜀道，迂迴曲折，山道彷彿高懸於天際，放眼望去處處是峭壁與急流。

李白寫了〈蜀道難〉。之後，任誰以筆墨來形容蜀道崎嶇，都是畫虎類犬。少年蘇軾走著走著，心裡一定也響起這鏗鏘有力的音節：

噫吁嚱，危乎高哉！

蜀道之難，難於上青天！

蠶叢及魚鳧，開國何茫然！
爾來四萬八千歲，不與秦塞通人煙。
西當太白有鳥道，可以橫絕峨眉巔。
地崩山摧壯士死，然後天梯石棧相鉤連。
上有六龍回日之高標，
下有衝波逆折之回川。
黃鶴之飛尚不得過，猿猱欲度愁攀援。
青泥何盤盤，百步九折縈巖巒。
捫參歷井仰脅息，以手撫膺坐長歎。
問君西遊何時還？畏途巉巖不可攀。
但見悲鳥號古木，雄飛雌從繞林間。
又聞子規啼夜月，愁空山。
蜀道之難，難於上青天，
使人聽此凋朱顏……

看似可以摸到星星、無比迂迴的蜀道，讓蘇家的馬走到疲累而死，只剩下了驢子撐著。走了兩個多月，他們一路借住在佛寺和道觀裡。在春夏之交，到達心中想像過無限多次的繁華京都。而京城連日下著豪雨，河水氾濫，人人浸泡在泥濘裡。

這一路的難，並沒有妨礙蘇軾、蘇轍兄弟吟詩的興致。來時，他們曾經夜宿澠池一位老僧的僧舍，兄弟在寺壁上題詩留念。

據考是嘉祐六年（1061），弟弟蘇轍獨自經過澠池的那座僧舍，發現僧舍風貌已經變了。觸景傷情，想到當時赴京趕考的過往寫了一首〈懷澠池寄子瞻兄〉，寄給哥哥：

> 相攜話別鄭原上，共道長途怕雪泥。
> 歸騎還尋大梁陌，行人已度古崤西。
> 曾為縣吏民知否？舊宿僧房壁共題。
> 遙想獨游佳味少，無方騅馬但鳴嘶。

接到此詩，蘇軾想起當年從蜀道來京的艱辛之路，以及逝去的時光，無限感慨地回了弟弟一首同韻的詩：

人生到處知何似，應似飛鴻踏雪泥。
泥上偶然留指爪，鴻飛那復計東西。
老僧已死成新塔，壞壁無由見舊題。
往日崎嶇還記否，路長人困蹇驢嘶。

——〈和子由澠池懷舊〉

縱筆揮灑，以飛鴻踏雪來引出滄海桑田的感嘆，一種老僧入定看透人生的口氣。此時，蘇軾不到二十五歲。

這同樣主題的兩首詩，可見兄弟情感，也可看出兄弟個性的天壤之別，而差別無礙於彼此是人世間最好的朋友。

蘇軾最好的詩與詞，有不少都是寫給他弟弟的。在「烏臺詩案」繫獄時，以為自己要被殺頭的中年蘇軾，寫下讓人落淚的絕筆詩，說的也是但願生生世世為兄弟。他寫給妻兒的是愧疚，寫給弟弟的是直出胸臆的真感情。

你給的感情是真的，得到的感情未必全是真的，但也肯定必有真的。但如果你給假的，一生就無從識得什麼是真的了。

得罪的是同僚，相救的是朋友。最無憾的是真感情，蘇軾一生收穫了許多。

屢考屢勝的偏鄉學子

當你發現一個人的才華或聰明，不是你可以趕得上的時候，你會怎麼做？

用簡單二分法來說，這個世界上有兩種人。綜觀歷史事件，這兩種選擇是：

一，搞倒他，那麼我能向上晉升一階了。

二，欽佩他、幫忙他，成為他的粉絲。

蘇軾的多元性才華，所洋溢出來的浪花之豪壯，是很難被遮掩的。他的不一樣的確很有辨識度，他的詩文「存在感」太強。

製造「烏臺詩案」的小人們，在看到這樣一個人的時候，選擇方案一：搞倒他。

蘇軾的恩師張方平（1007–1091）選擇方案是二。當然，所謂的愛才，目的除了喜歡和欣賞，也蘊含著一種隱形策略。

他大了蘇軾整整三十歲，比蘇洵還多兩歲。對於這個有才華的少年，他竭盡所能地幫忙，鼓勵他上學應考。在蘇東坡出事的時候，也奮不顧身地多所營救。

這樣的君子，史上也不罕見，雖然在統計上小人總是多了一些。君子要好好生存不容易，常遭「連坐」，雖然小人和君子都是念儒家經典的，但是要不要實行、如何實踐，到底是要用來為己還是救人，完全是看個人良知。

為什麼有人雞腸鳥肚，有人豁然大度？看看張方平的人生路。他出生官宦世家，但他父親讀了很多書，卻不願做官，這顯示出家庭經濟還是有些底。

張方平自小也是神童，過目不忘，才華自幼就受到鄉間稱道。他在宋英宗的時候就做過禮部尚書，當官當了好多年，還是一個敢說話的人。他看見了新法救亂世用重典的弊害，也反對王安石新政。然而他也懂得韜光養晦，不得志的時候他就在佛寺裡面抄經書。他是佛教哲學的擁護者，這一點跟蘇東坡大方向是相近的。

出蜀道後，老蘇、大蘇和小蘇，在宋仁宗嘉祐五年（1060）來到了汴京，租了房子居住。

兩個兒子比蘇洵順利得多，他們當年春天離開故鄉，在仲夏時節，就參加了開封的考試，兩兄弟一起中舉，蘇軾還考了第二名。兄弟一起在京城同年考上，得到參加進士考試的資格，實在不是一件容易的事情。

接著就是參加禮部的「省試」。禮部屬於尚書省，先考過這一關才可以參加殿試。考試的內容包括詩、賦、論各一篇，還要對時事發表策論，大家也都很看好蘇軾。蘇軾的〈刑賞忠厚之至論〉，也是考試時的作文。你很少看到科舉考試的文章成為千古名作，連試卷蘇軾也寫得痛快淋漓，完全不像是硬邦邦的試卷文章。梅堯臣還有歐陽修看到這篇文章都十分驚喜。但是在策論方面，只敢給他第二名。為什麼呢？卷子是封起來的，歐陽修本來懷疑這篇文章是自己的門生曾鞏寫的，怕別人說他偏心門生，就把這個卷子放在第二名。當時所有的考卷必須重抄，重抄之後的試卷，既沒有原作者的筆跡，也略去了姓名，為了防止作弊。蘇軾在考《春秋》的時候，得到第一名，這說明了他每一科的表現都很優秀。

歐陽修非常欣賞蘇軾的文章。省試後，歐陽修問蘇軾：「你那篇〈刑賞忠厚之至論〉中說：堯的時代，有一個人犯罪，司法官皋陶三次想殺他，堯帝三次赦免他。這典故，我回去翻書翻了老半天都找不到，到底出自於哪裡？」

蘇軾回答：「《三國志．孔融傳》注中。」

歐陽修不好意思再問下去。等蘇軾父子走後，立即將《孔融傳》注釋仔仔細細重讀了一遍，還是沒有找到這個典故，心中十分納悶。

下一次見面，歐陽修又問了蘇軾。

蘇軾笑著說：「曹操滅袁紹，曾將袁熙美貌妻子（甄宓）賞賜給自己的兒子曹丕。

「孔融對此不滿，暗諷道：『當年武王伐紂，將商紂王的寵妃賞賜給了周公。』曹操忙問此事見於哪本書上？

「孔融說：『沒什麼根據，只不過以今天的事情來推測古代的情況，想當然耳罷了。』

「學生援引此例，也是以堯帝的為人仁厚和皋陶的執法嚴格，來推測了這個想當然耳的故事。」

也就是說，此事屬蘇軾依情理捏造，你看他頑不頑皮，所幸被「玩弄」的考官沒有深究。

其實在「省試」時，歐陽修等人也引發了一個抗議事件。千萬不要以為當時文質彬彬的考生是順民，省試的榜單剛出來的時候，落第的考生覺得錄取不公，還曾經聚眾遊行。他們到底在抗議什麼呢？當時的考官在入闈的時候，歐陽修、韓絳、王珪、范鎮、梅摯、梅堯臣等六個人被關在院子裡面五十天。在考生出場之前，考官已經進入試院，與外界隔絕，直到閱卷完畢，才能被放出來。好不容易得了閒，被關進闈場的人，又都是能詩能文的文壇翹楚，就在裡頭作詩唱和不亦樂乎。這些詩傳出去了，問題就出在詩裡。

要用文字陷人於罪很容易，比如說歐陽修的句子裡有「無譁戰士銜枚勇，下筆春蠶食葉聲」，這兩句在寫考場裡安安靜靜的考生不斷地在書寫，發出了蠶吃桑葉的嘶嘶聲，臨摹狀況，其實極為貼切；梅堯臣兩句「萬蟻戰時春日暖，五星明處夜堂深」，模擬當時考場與闈場氛圍，但是考生卻認為這些考官自比明亮的星星，諷刺考試的人跟蠶和螞蟻這些小蟲子一樣。抗議聲中，歐陽修連門也不能出，只要一出去就被考生堵住了去路大罵，還有人幫歐陽修寫了祭文，詛咒他死。這幾個考官後來也不得不承擔一些懲罰，才能平息眾怒。

讀書人對文字敏感，想要找一個人麻煩，就去那人的文字裡下功夫，揪出他的問題來。大眾是很容易跟著鼓譟的，從眾效應裡面被驗證過的是非。

第二年的春天，大考終於來了，參加仁宗殿試的人超過八百人。考試的結果，蘇軾成為榜眼，第二名。蘇轍也錄取了。

歐陽修自己才華也很高，總是充滿熱忱地提攜後進。傳說歐陽修曾經跟自己的兒子討論文章，談到了蘇軾，曾說：「你們要記得，再三十年，就沒有人會談論我了！」他知道蘇軾有遮不住的光，認為蘇軾的文章即將取代他，進入人們心中的文豪排行榜。

蘇軾考上了進士之後，歐陽修帶他拜會各大臣。宋仁宗雖然不是什麼英明果決的君主，看起來也沒做什麼轟轟烈烈的事，但宋代的盛世在他手中花開燦爛，名臣很多。君子愛才，大家對這位新科進士都很好，幾乎每一位前輩都跟蘇軾說：「可惜，你來不及看到范仲淹！」

「先天下之憂而憂，後天下之樂而樂」的范仲淹，在蘇東坡到京城的前幾年就去世了。雖然來不及看到這位前輩，但後來蘇軾和他的兒子范純仁有很好的交情。

很多人以為考上進士，一定官運亨通，事實上就算你考上了狀元，想要得到一個自己滿意的官位也不容易。主要是此時官員的缺額很有限，一個坑有三個蘿蔔要搶，通過殿試成了進士，縱然天下人都知你才高八斗，也只是得到了做官的資格，真正能夠做官還要通過吏部的篩選和任命。畢竟這個時候，雖然進士並不好考，可是每年通過的人還是很多，大家要分發到像樣的官職不容易。僧多粥少的領域，都有內在的廝殺。

蘇軾求官的過程，絕對不是大家所想的：天才兒童一試就中，然後平步青雲。他和弟弟考上進士之後，通過了吏部的分配，分別分發到河南福昌縣的主簿，還有河南澠池縣的主簿。主簿是幕僚的職位，九品官，掌管文書工作，很容易卡在官僚系統裡面上不來。兩兄弟懇辭沒有赴任，他們等待著更好的機會。這年，仁宗皇帝下了詔，希望找到敢於直言的臣子，歐陽修又認真地推薦了蘇軾，而另外一位大臣楊畋也推薦了蘇轍，使他們得以參加制科特考。蘇軾說這個考試比進士考試還難，因為範圍非常廣大，無所不問，候選人還要交五十篇策論……也就是沒有範圍。終於，蘇軾跟蘇轍都錄取了。他們的官位也獲得比較理想的調升。

兄弟一起金榜題名成為佳話，從此聲名遠播，京城裡面的讀書人都想學學他們作文的方法。傳說這是因為他們的父親蘇洵發憤苦讀《戰國策》，從中間研究出一種獨門祕笈，所以文章中可以呈現縱橫家雄辯滔滔的氣概。

身為兩個傑出兒子的父親，蘇洵父以子貴。雖然想要拜他為師的人很多，但蘇洵自己的求仕之路相當困難。因為年紀的關係，蘇洵比他兩個孩子還著急得多。年過半百還是一介平民的蘇洵，希望能夠找一個官位安頓下來。歐陽修和蘇洵聊過，覺得這人心地純良、理路清晰，幫他寫了推薦狀，把他的文章打包了二十篇給朝中大臣看。歐陽修是朝中大老，也是知名才子，與蘇洵詩文唱合，讓蘇洵得到了不少關注。蘇洵有了名氣，不過這對求官沒有太大的幫助。

當時名臣濟濟，宰相是富弼、文彥伯，樞密史（掌管軍事國防）是韓琦。他上書給宰相富弼，說天下人都期待他有所作為，叫他放寬心胸，宰相肚裡要能撐船，裡面有兩句話，叫做「政出他人而不懼，事不出於已而不忌。」講的道理沒有錯，但你是誰，能這樣教訓宰相？你只是一介布衣啊。我想請問，如果有人忽然寫信給你，祝你心胸越來越寬大，請問你會不會生氣？這暗示著你可能本來心胸狹窄。

富弼沒有理會，也是想當然耳。

宋朝的兵是有名的打不了、很難養、超難管。蘇洵上書請韓琦以軍法之生殺大權，嚴加整頓，才能夠重塑紀律；他認為上一任的樞密狄青，對軍隊太寬厚了，才造成這種情況。

韓琦認為文章裡閃閃發著刀光的，是法家思想。韓琦不是一個喜歡嚴刑峻法的人。那不是韓琦能欣賞的個性，宋朝文臣之間的傾軋非常嚴重，就算有人想詆毀韓琦，他的情緒也不太容易起伏。這種想要對軍中祭出殺招的理論，韓琦當然也不會接受。他心中的ＯＳ應該是：我是真正掌管兵權的人，你沒帶過一天兵，憑空想像些什麼？

這些文章的骨子裡的確不是傳統的儒家思想。雖然歐陽修一再推薦，但是蘇洵並沒有得到其他人的賞識。從富弼對他的評語來看，倒也不是沒看他的文章就放棄了。富丞相說：「他專門教人以殺人立威來要官做，這怎麼可以呢？」

蘇洵把文章東投西投，到處奔波。後來還是在歐陽修的大力推薦下，就在這一年的夏天，他被任命為校書郎。這是一個八品官，以平民而言，得到這個工作也已經很幸運了，這個清雅的閒差，還是因為歐陽修欣賞他的才華努力斡旋的結果。但是心高氣傲的老蘇，還是沒有接受，嫌此職待遇太薄，而且升官不易。他認為這種工作，只不過是一個小齒輪，跟當人奴僕沒什麼差別。蘇洵當時的狀況，是很標準的高不成、低不就。一直到他兩個兒子在各種考試中過關斬將，他才在歐陽修的推薦之下，擔任了主簿的工作，又受命負責編修禮書。蘇洵終於滿意了，這個工作至少讓他覺得：畢竟還是有教化人民的作用。

蘇軾終於能夠把家人安頓下來，他在京城買了一棟住宅，叫做南園。裡面有小花園，還種菜，附近草木繁盛，他假裝自己在京城過著山居歲月。不久，他就奉命赴任鳳翔府。考了這麼多的試，名滿天下，事實上也還是得從八、九品的芝麻官開始鍛鍊仕途。

蘇轍在南園比他多住了三年。因為王安石不喜歡他的策論，認為蘇轍策論言語偏激，不肯授官給他。蘇軾到鳳翔赴任，蘇轍留在京城陪伴父親，跟父親學習《周易》。

青年蘇軾，認為自己一定能夠憑著他的才能還有一番正氣，做出大事。

講到蘇軾，一定會提到王安石；對蘇軾的仕途之路而言，王安石是鬼影幢幢。王安石學富五車，當知縣的時候把自己的地盤治理得很好。他的理想非常崇高，曾經上表仁宗皇帝萬言書。他的理想宏大無人懷疑：想要讓君主變成一個與堯、舜同等級的皇帝。而他的知名度更因為好幾次懇辭朝官授官，被天下稱道。是真的不想做官，還是對官階不滿意?也有人認為他用這樣的方法等待更響亮的掌聲。無論如何，不少人認為已經名滿天下的王安石，就是那個對的人。

江山代有才人出，才人都出在時代多舛時；危機已叢生，想改變宋朝必須面對很多問題。西夏閃亮崛起，侵門踏戶，對宋朝構成極大的威脅，宋朝的弱兵看來是無以抵擋。不只是西夏，西北與東北，本來以中國馬首是瞻的異族，都悄悄地醞釀著他們的輝煌。朝野期待著能夠化弱為強。

期待著一個英雄橫空出世，改變武林大局。

問題是，改變是必須的，但是改變必有陣痛，也未必會愈變愈好。現實世界的變革常常帶來複雜問題，步伐必定蹣跚，努力也未必會朝著充滿陽光的方向。

對改變的期待迎來了王安石。

王安石比蘇軾大上十六歲。蘇家兩兄弟間接因為王安石吃了不少苦頭。

蘇軾和王安石，兩個人有才華、又有才能，成不了永久的朋友，也成不了永遠的敵人。

蘇軾是個什麼樣的夫婿？

在王弗心裡，蘇東坡是一個什麼樣的夫婿？

蘇軾十九歲時，娶了同鄉十六歲的王弗為妻。在當時也不算早婚，弟弟蘇轍成婚的年紀還比他更年輕，十五歲。王弗的父親是進士王方。這是兩個書香門第的結合。

結婚兩年後，蘇軾和父親、弟弟赴京趕考，王弗留在家鄉，跟能幹的婆婆程氏一起理家。婆婆帶著兩個媳婦，在眉州經營紗縠行。等了兩年，來不及看到丈夫和兒子回來，程氏就過世了。蘇洵帶著兩個兒子回眉州奔喪守制。守孝守了一年多，回朝任官，選擇全家離開蜀地，這才把兩個年輕的媳婦一起帶走。此時王弗有孕在身。他們帶著家眷走水路，當年秋季出發，十月時江上就已經下起了大雪，過三峽時，忍耐風浪與寒氣遍覽風光。天氣不好時，父子三人就在船艙中吟詩作賦，雖然有時還會挨餓，但也不至於無聊。走了一千六百多里，花了兩個月的時間，終於到了京城。

旅程雖然辛苦，但這個時候的王弗，好不容易與夫婿團聚，內心肯定是幸福的。她二十歲時，夫婿已經成為新科進士，大家都認為以蘇軾才華，將來仕途一定輝煌，而她理所當然的成為官夫人。

王弗是進士的女兒，自小讀經史詩書，個性低調，從來沒有主動在蘇東坡面前展露自己的才華，可是當蘇軾偶有遺忘，陪伴在側的王弗就會從旁提醒；蘇軾無意間和她談論一些書中的道理，她也都知曉，這使得蘇軾對妻子的深藏不露刮目相看。

父母作主的婚事，能夠幸運得此心靈伴侶，並不容易。

王弗的治家本領，又得到了婆婆的真傳。這從蘇軾自己寫就的「雪中柳樹」事件，就可以看出王弗即使在婆婆過世之後，仍然遵守婆婆的教誨。

某年，雪下得很大，積雪甚厚，偏偏蘇家家門口柳樹下，有個一尺見方的地方，不知為什麼，沒有一點雪跡。天晴之後，這塊地方的土又隆了幾寸高。蘇軾覺得這是異象，猜測這是古人藏丹藥之處，他說丹藥的性子是熱的，所以下雪時能溶雪，天熱時又隆起，想要把它挖開。王弗卻說：「如果婆婆還在，她一定不會允許我們這麼做的。」

蘇軾一聽即罷手。

為什麼要把婆婆抬出來呢？蘇軾的母親程氏在老家經營紗縠行的時候，也曾經出現類似的事情。兩個婢女正在熨布時，土地忽然低陷數尺，土中出現了一個用烏木板蓋著的大甕，甕中好像有個東西在動，發出跟人一樣的咳嗽聲，咳了好久。很多人猜測這裡頭可能藏著什麼奇珍異寶，但程氏就是不准人開挖。這顯示程氏個性的一板一眼，也不貪、也不好奇。

甕中的咳嗽聲，是蘇軾小時候的奇事。想必他非常好奇，但又順從地遵循母親的交代。甕裡神祕的咳嗽聲，成為蘇軾一輩子難解的懸案。他一生都對這些神祕故事和道家煉丹之術很有興趣。有一說，蘇軾之死與服食丹藥有關，如果王弗在，中年後的他大概也沒有機會從事什麼煉丹行為。

此事也可以看出這對婆媳的契合度甚高。事實上，程氏在過世前可能也病了一段時間，而家裡實則沒有男人在。程夫人過世之後，蘇家父子三人聽到消息折返，回鄉路程遙遠，又至少費了兩、三個月的時間；這一段日子的生計，倚靠的應該也是年輕能幹的長媳。

到了京城之後，王弗生下蘇邁。

又過了些時日，蘇軾終於得到分發為「鳳翔府節度判官廳公事」。蘇轍因為王安石的反對還未得分發，所以能留在京城陪伴老父。

這是蘇軾與蘇轍人生中第一次的分別，蘇轍一直送到鄭州，才不捨地跟兄長辭別。這一路，行經自古必爭的關中之地，蘇軾看見的卻是村落殘破蕭條的景象，愈走愈荒涼，蘇軾對於自己的未來實在沒法有太美好的想像。

這是因為宋仁宗時西夏強盛，連年入寇搶劫、到處破壞民間生計。當時宋朝的外患，一為契丹（一〇六六年才改國號為「遼」），一為西夏。宋真宗時的「澶淵之盟」，每年送給契丹大量的金銀絹帛，買得了平安無事。後人批為喪權辱國，倒也未必，至少還有一些正面效果：邊區人民受害較少，邊境的商業交易也因此繁盛。但解除了一個警報，又來了另外一個侵擾：西夏升格為宋朝第一外患。長年對遼和宋雙面討好以獲取利益的西夏，有英雄崛起：李元昊不想要向宋朝稱臣，決心稱王。西夏國力在雄才大略的李元昊戮力經營之下愈來愈強大，宋仁宗時曾以韓琦、范仲淹等人領重兵防守，才稍稍抵擋西夏在關中的燒殺擄掠。蘇軾到鳳翔的前十八年，宋朝已經封李元昊為西夏國王，每年也仿照對遼國的送禮方式，只求不相侵擾。但是這些曾經被西夏打家劫舍的地區，仍然舉目荒涼，居住的人家甚少，不同於蜀地的富饒，也沒有京城的繁華市景。

蘇軾擔任鳳翔府太守的副手，任期三年，掌管判案、文書等事務。初到時鳳翔太平無事，長官待他也溫文有禮，蘇軾公暇之餘在這裡尋訪古跡，遊山玩水，每個月還可以跟弟弟寫詩通信。寄信到京師，只要十天，想來也相隔不遠。雖然有時會感嘆派任地景象荒涼，使他常常懷念山水如畫的富庶故鄉，但有妻與子相伴，過得也還算如意。

這期間蘇軾已經開始發揮為民除弊的才能。比如，此地雖然已無西夏劫掠，但邊區勞役之重仍不合理。鳳翔地區百姓負擔大量徭役，必須將終南山木材編成木筏，放入黃河運往京城，供皇家建築之用，又必須負責邊防士兵的糧食運送。這些都是義務工作，已經非常擾民。更讓人恐懼的是：如果運送過程有任何損失，百姓就要負賠償責任。除此之外，還有從來不乖巧的黃河，一發脾氣就潰堤，地方行政長官也要徵調民力加以修復，所以民窮財盡。以黃河木筏的運送來說，官方硬性規定只要京城缺木頭，就設下最後通牒期限，擔任義工的百姓就要放木筏進水，黃河水漲潮時風波無情且不可控，造成木筏的損失和運送者的災難。蘇軾採取了地方人士的建議，在渭水和黃河還沒漲潮時放入木筏，這樣危險就小多了，損失少了一半，負責運送的百姓「既當義工、又要賠錢」的事件少了許多。政府占盡了便宜，人民敢怒不敢言，蘇東坡替他們發聲，他在意的是為人民解決問題。

一個文名滿天下的年輕人，難免意氣昂揚，這就是他經常得罪人的原因。認為自己是對事不對人，但仇家並不一定能理解。

在鳳翔任官的這段時間，王弗擔任了蘇軾的賢內助，蘇軾很尊重她的意見。如果有朋友來找蘇軾，王弗常常站在屏風背後傾聽他們說話，等客人回去之後，蘇軾會問她，對這個客人有什麼看法？王弗就會懇切說出她的意見。比如這個客人說話模稜兩可，都在故意迎合，和這樣的人聊天應該不是太有趣吧？還有人擅長逢迎拍馬，王弗也會覺得這種人交情套得快，翻臉必然也很快，不是什麼值得交往的朋友。她揣摩客人個性相當精準，後來一一驗證。

在鳳翔案牘勞形的工作，長期下來，蘇軾難免不耐煩。偶爾會發發牢騷，把他的牢騷詩寄給弟弟。做這個官顯然不是他在寒窗苦讀時想過的理想生活。有空時他還給朝廷上策，希望朝廷厚待百姓，為政要體恤民生；對於國家為何積弱不振，也振振有辭地提出他的看法。他胸懷天下，希望自己有更大的發揮。

也許不是很如意，但初到鳳翔時，仍算蘇軾仕途中還算輕鬆的日子。

不久，倒楣事就來了。在鳳翔任官的期間，仁宗過世，英宗即位。

首先是仁宗過世，為了修築皇陵，緊急徵用終南山的木材，鳳翔百姓的困難又從天而降。朝廷也還真的蠻不講理，硬要人民快速將木筏入水運到京都。但此時渭水乾涸，負責監工的蘇軾看著人民受苦受難，「千夫挽一木，十步八九休」，沒有水力幫忙，就只好耗費人力把木筏拖過乾涸水道，人民苦不堪言。誤了朝廷命令，就是扛不起的責罰。一個人微言輕的地方官副手，看在眼裡實在不好受。

然後又是宋人聞之色變的西夏大舉入侵。鳳翔是戰略要地，蘇軾奉命督糧，戰事風雨欲來，每天忙得焦頭爛額。幸好朝廷派了老將王素率了大軍前來，西夏打探到王素威名，又看他軍容整齊威武，自忖這一仗打下來應該沒有太大好處，王素還沒到，西夏軍隊已撤離。白忙一陣，有驚無險。

本來相當看重蘇軾的太守宋選被調走了，繼任的是陳希亮。按理說，此人年紀比蘇洵大，同是眉州人，蘇、陳兩家又是世交，應該更寬待蘇軾才是。但事實卻相反，陳希亮是個剛硬乏趣的長輩，不苟言笑，對待下屬相當嚴厲，罵起人來也不留情面。下屬只要聽見他來了，就算是在非公務的酒席間，也沒有人敢說笑話；每次要和這位長官開會，陳希亮都故意叫下屬等很久，讓人等到枯木一般毫無生趣。

性格不合。陳希亮就是討厭這個「少年得志，年輕氣盛」的副手。同事之間會稱蘇軾為「蘇賢良」，這原本只是尊稱，但陳希亮卻拿這個做文章，大罵：「府判官就只是府判官，哪有什麼賢良不賢良的！」這不打緊，有一次陳希亮聽到一個小吏不小心叫了蘇軾「蘇賢良」，還故意在蘇軾面前把那個小吏抓來打一頓，充滿官威的舉措，讓蘇軾十分難堪。忍不了，就寫詩諷刺和自嘲，說自己「雖無性命憂，且復忍須叟」，意思是，反正他也不會要我的命，我的任期也快要滿了，那就只好再忍一忍了。

忍耐並不是容易的事，因為對方可能會變本加厲。陳希亮可能聽見了蘇軾私下的詩文小抱怨，越發想要「矯治」他，還曾經因為蘇軾不想來參加府裡的宴會，上書朝廷想彈劾蘇軾，害他被罰銅八斤。不過後來陳希亮的下場也不好，就在當鳳翔任內，因為把別州送來公府的酒據為己有，被以貪贓之罪去職。告老還鄉之後就沒有什麼大發展。

不過，蘇軾卻跟陳希亮的兒子陳慥成為好友。陳慥有游俠性格，不拘小節，和他父親完全是不一樣的人，在鳳翔時醉心於在終南山打獵。陳希亮過世後，陳慥還請蘇軾幫忙寫傳。蘇軾寫道，他當年少不更事，也常常跟陳希亮爭議，還爭得面紅耳赤，可以體諒當年陳希亮整他，是為了要矯正他的少年得志，也是一番苦心。

人死為大，給了一個正面解釋。

這可以證明，蘇軾心胸隨著年紀愈來愈寬大不計較，對於當年艱苦，一律可採正面解釋。呼應之後的蘇軾對待曾讓他倒大楣的王安石，頗有類似之處：往日種種反正都過了，我仍然可以溫情看待，何必心存報復。

宋英宗治平二年（1065），三年任期滿了，蘇軾終於得以帶著妻小返回京城，和父親與弟弟團聚。他期盼這天很久了，不過回到京城之後，也沒有太順利。新任皇帝英宗知道他有文名，想要召他為翰林學士，遭到大臣韓琦的反對。韓琦是元老重臣，卻也不是太喜歡這位文名滿天下的年輕才子，堅決認為他資歷不符，不可以如此破格擢用。後來蘇軾被派到學士院任職，雖然沒有翰林學士那般彰顯，但對蘇軾而言，這個編修圖書的職務，也算是個配合他才華的閒差。

就在蘇軾回到繁華京城，漸漸把日子安定下來的時候，晴天霹靂一聲雷，二十七歲的王弗在同年暮春病逝。此時長子蘇邁只有七歲。

生命的脆弱與無常，古勝於今。一場疫情、一個風寒，也可能在幾日間奪走一條生命。在荒涼邊區無恙，回到京師不過一年多，王弗竟沒撐住。蘇洵建議蘇軾將來要把這位與他同甘共苦的妻子葬在他母親程氏旁邊。蘇軾為妻子寫的墓誌銘，哀痛發乎肺腑，他讚美王弗不管在家或是出嫁後侍奉父母公婆，皆以小心謹慎聞名。陪伴丈夫在任上，經常告誡丈夫，要按父母親的教誨辦事；又提醒不善待人處事的蘇軾，別與小人為友。他情意悲切地感嘆：「妳跟著我母親到九泉之下了，而我卻沒辦法一起，是最悲哀的事。妳走了，我永久失去了依靠，這種傷痛要我如何自處……」短短墓誌銘，兩個發自內心的「嗚呼哀哉」。

蘇軾的命運似乎重複著一個無奈節奏：以為從此可以過平安日子了，迎來的卻是一個想像不到的噩耗，體會到的是命運之神冷冷地嘲諷著自己的卑微無力。

王弗一生短暫，不知該說是幸或不幸？

仍有幸運之處，不然，不知她要為蘇軾操心到什麼地步？在那麼坎坷的未來歲月裡。她陪在蘇軾身邊的日子，是蘇軾年輕時最意氣風發的一段時光。「烏臺詩案」以及連連被陷貶官，都是她過世之後很久的事情。

這段相看兩不厭的婚姻，相伴不過十一年，王弗留下的事蹟實在不多，彷彿只是一個蘇軾身邊輕淡的影子。她總是謙恭地站在丈夫身後，當著得力助手，適時發出她的勸阻，用她的冷靜思考保護著這位大而化之的才子丈夫。

蘇軾常常想起王弗，只要想起早逝的王弗，他的感傷仍如泉湧。始終沒有忘記。王弗逝世十年後，在密州一個涼如冰的夜晚，蘇軾在夢中看到了王弗。醒來，傷感如潮水湧來，寫下了一首千古之最的悼亡詞〈江城子·乙卯正月二十日夜記夢〉。

十年生死兩茫茫。不思量，自難忘。
千里孤墳，無處話淒涼。
縱使相逢應不識，塵滿面，鬢如霜。

夜來幽夢忽還鄉。小軒窗，正梳妝。
相顧無言，惟有淚千行。
料得年年腸斷處，明月夜，短松岡。

你可以從看似只帶著淡淡哀愁的詠嘆調中，讀出他深刻的心痛。只要心中曾有過真情，千古以來，都可以體會那麼綿密輕巧、卻又具有震撼力的心痛。

蘇東坡人生中有三個重要的女人。除了王弗，還有三年後嫁過來的、她的堂妹王閏之，以及東坡的妾朝雲，都是無怨無尤追隨他的賢德女子，扮演著照顧他生活的角色；王閏之和朝雲，表現得還比王弗更沉默輕淡些。在治家這一點上，蘇東坡雖然有些迷糊，理財上也不怎麼在意，但在賢內助的護持之下，過著最起碼的安穩日子。齊家治國平天下，蘇東坡想的是後者，心中掛念的是舉國人民的民生問題，但無疑的，他實際上唯一成功的只有前者。

當然，這麼說不公平。在儒家的齊家治國平天下之外，還有文名千古。沒有蘇東坡，宋朝文學史，只怕要失去六分顏色。

不如求去

蘇軾的母親程氏，是個不快樂的女人。

她嫁了一個把家庭生計都「拜託」在她身上的男人。蘇洵，在程氏有生之年，可以說是一事無成，而不是大器晚成。

蘇洵為了發展抱負四處奔波，在家時間很少，夫妻之間只能說是相敬如賓。這是父母之命、媒妁之言的婚姻，程氏是眉山有錢人家的女兒，蘇家當年相對沒落。蘇洵自少年起有著游俠性格。游俠可能是好聽的說法，說難聽點叫做鬥雞走狗、不學無術；直到二十五歲才開始關起門來讀書，但就算向學，也沒有立竿見影求得功名，為了一官半職東奔西跑，總沒有闖出任何名堂來，還從來不管家裡謀生的事。

蘇洵深情厚意只能在祭文中出現。蘇洵說道：「昔予少年，游蕩不學。子雖不言，耿耿不樂，我知子心，憂我泯沒。」可見程氏總是憂心忡忡地看著這玩世不恭的夫婿，卻又堅持著傳統女子的溫良，一句話不說。表情是騙不了人的，他看得出來，卻也沒能做什麼不讓她繼續沮喪。

對丈夫不抱希望的程氏，只好把願望寄託在兩個兒子身上，從小教蘇家兄弟讀史書。如果以現代的DNA理論來探究，我認為蘇氏兩兄弟的才華與智商，絕對不只來自其父，其母貢獻必然卓著。這兩兄弟的才華洋溢勝於其父，性格上也比他們的父親來得好相處。蘇軾的豪俠性格偏向父親，而蘇轍的嚴謹小心更像母親。

程氏活得有多苦？命運對她的打擊接二連三。程氏生了六個孩子，在她過世之前，留下來的只有蘇軾、蘇轍兩兄弟。程氏一結婚，生了兩個女兒，都在幼年時期夭折了。對蘇氏家族心懷愧疚的她祈福求子，蘇洵二十六歲那年，長子誕生，沒養幾個月又夭折。之後，生了女兒八娘。蘇軾比姊姊八娘小一歲，蘇轍比蘇軾小三歲。

這位蘇八娘在之前提過的，嫁給程氏姪子程之才親上加親，成婚沒多久就忽然過世，過世的狀況究竟是病逝或非自然死亡，真相模糊，蘇洵宣布與程氏娘家永生永世絕交，代表一個父親的震驚與憤怒。

程氏一直扛著家庭重擔直到過世，也與蘇洵的一事無成有關。蘇家也是個書香世家大家庭，蘇洵的哥哥蘇渙二十四歲考上進士，蘇洵什麼正事也沒做，讓妻小在蘇家吃白飯。時間一久，有個遊手好閒的老公，做媳婦的壓力一定很大，所以程氏才會為了另覓家庭生計在眉山街上開紗縠行。

她在過世之前，承受著夫家和娘家翻臉的擔憂，女兒八娘過世後，她的大姊也撒手人世，她的不快樂一日濃過一日，未曾解除。夫婿與兒子離鄉到京師時，兒子都金榜題名的捷報傳來，也沒能化解她的憂愁。始終，沒有撐住。

蘇軾人生中的生離死別，硬邦邦、冷冰冰。他才服完母喪，將妻與子帶到京都，正打算大展身手時，妻子過世。第二年春天，父親蘇洵五十八歲，也過世了。王弗的棺木和蘇洵的棺木，就由兩兄弟護送回故鄉眉州安葬。

蘇洵追贈光祿寺丞，是蘇軾在父親死後幫他求賜的。父親死時希望他們兩兄弟幫忙把未完成的著作《易傳》寫完，蘇軾照做了。

直到宋仁宗熙寧元年夏天（1068），守喪期結束，蘇軾三十二歲了，娶了王弗的堂妹王閏之為繼室。再娶王氏女，或許也是為了希望新娶的妻子能夠好好帶大與她也有血緣關係的兒子蘇邁，也算是親上加親。

王閏之沒有堂姊那麼飽讀詩書、慎謀能斷，相較起來平凡許多，卻也是個賢淑的傳統女子，徐徐陪蘇軾度過大半生的滄桑。與蘇東坡的妾如碧桃、朝雲之間的關係，看來也是恢宏融洽，對於蘇邁的照顧是妥貼的。

再一次，蘇氏兄弟攜家帶眷重返京城做官去。返京之前，同鄉好友在蘇家紗縠行的老宅中，種了一棵荔枝小樹，希望他回來時，就有荔枝可以吃。

然而，這一別，過了二十年，蘇軾也沒能再返回故鄉。幾年後，蘇軾在當杭州當通判時，曾經寫過一首詩：

故人送我東來時，手栽荔子待我歸。荔子已丹吾髮白，猶作江南未歸客。

荔枝樹應該已經結實多年了吧，浮沉官場，心念故鄉，卻沒有辦法回去。

求仕，是古代讀書人唯一出路。有了官職，就是「長恨此生非我有」了。不自由，但又奈何，士人沒有別的路走。

話說英宗皇帝剛即位時，相當欣賞蘇軾的文章，本來打算破格用他當御前的知制誥，負責幫皇帝撰寫詔書。當時反對者是宰相韓琦，認為蘇軾資歷淺，而且沒有經過「試而後用」的正常程序。韓琦的反對在道理上是說得通的，英宗還替蘇軾說話：「不知道一個人有沒有能力，才要考試，像蘇軾這樣的人，怎麼可能沒能力呢？」蘇軾也因此未被擢拔。

這一次再回京城，皇帝已經換人做了。英宗短命，英宗長子神宗即位。王安石在蘇家兄弟再度回京的一〇六九年，已經大權在握。胸懷大志的神宗想要改變宋朝屢遭外族欺負的命運，發憤做一個有為君主，把王安石當成他的諸葛亮和魏徵。

蘇軾回歸，依例派官，被任命為「殿中丞直史館判官告院」，是個掌管將士和官吏的勳封官告等的閒散職務。蘇轍則得到了一個新設置的「制置三司條例司」的檢詳官，被加入了新政的行列。神宗也喜歡蘇軾的文章，奈何蘇軾在京城的日子中，看不慣地還是要寫文章跟他推崇的王安石新政大唱反調。

蘇軾此刻還不明白，滿滿是讀聖賢書的文人組成的朝廷，看似寬大，但水有多深。

他一輩子似乎都不想知道，水有多深？曾經被水深嚇到，但未曾被水深嚇壞。

都說宋朝是個重視文人的朝代，但文質未必彬彬，文人相輕與互相排擠爭奪權勢，開國以來愈演愈烈；雖說表面尊重大臣的意見，不會因為議論而殺大臣，事實上文人鬥爭激烈，找把柄、說小話傷人名譽，陷人於罪，從沒少過。

此種毀謗風氣，蔚然成風。歐陽修受到的詆毀，可以為證。曾有這樣的謠言傳遍天下：歐陽修與外甥女有染。

這是天大的八卦。人人熱愛「反差」與「起底」的效應：你看，那麼光明磊落的人，其實是很齷齪的。反差愈大，人們愈愛傳播。

事情大概如此：

歐陽修有個妹妹，嫁給一個姓張的當繼室夫人，婚後不久姓張的就過世了。歐陽妹妹帶著張姓的幼女，投靠歐陽修。歐陽修讓妹妹帶著那個和自己沒有一點血緣關係的外甥女住到了自己家。怎麼也想不到這個沒血緣的外甥女，並未知恩圖報，反而在日後給自己帶來一場名譽災難。

姑娘張氏長大之後，歐陽修作為名義上的舅舅，幫她主婚嫁給歐陽家的姪子。然而，這張氏偏和人有了婚外情，被老公送到開封府去審判了。這件事情怎麼會連累到歐陽修呢？因為張氏和判官說，她是歐陽修的外甥女，歐陽修曾經為她寫過一首詞，我唱給你聽：

> 江南柳，葉小未成陰。人為絲輕那忍折，鶯嫌枝嫩不勝吟。留著待春深。
> 十四五，閒抱琵琶尋。階上簸錢階下走，恁時相見早留心。何況到如今。

詞中寫的是一個待字閨中的少女，春情蕩漾。張氏炫耀地說，歐陽修寫的是我。

歐陽修也是個奇特文人，他的文章和詞，完全兩樣情調。文章擅長寫人生哲理，詞卻是婉約旖旎。當時開封的代理知府姓楊，因歐陽修曾經彈劾他貪汙，懷恨在心，終於逮到了機會。歐陽修做人沒什麼小毛病，天下人皆知他是道德楷模，如果有這個新聞，那可驚動天下了，就不怕拔不掉他、氣不死他。楊知府教唆張氏，只要告發歐陽修，就可以免罪。

張氏為了免罪，稱歐陽修在她少女時，就與她不清不楚。這下子事情就宣揚開來，發展出了案外案，有諫官立時上書彈劾歐陽修，雖然判官並不採信張氏的證詞，但當朝宰相賈昌朝緊握這個證據，偏要找人來確認歐陽修和此無血緣外甥女的不正當關係。

這是慶曆五年（1045）發生的事情。

此事經查證並不屬實，但人言可畏，對歐陽修是一大陰影。嘉祐八年（1063），宋仁宗駕崩，遺命歐陽修與韓琦共同輔佐過繼的姪兒皇帝宋英宗。此時引起「濮議」之爭。原因在於歐陽修支持英宗追尊生父濮王趙允讓，稱為「皇考」；但是多數大臣如司馬光、呂公著等，認為英宗已經過繼給仁宗，只能稱生父為「皇伯」，這看起來只是個對於諡號意見不同的問題。歐陽修的主張考慮的是親情，司馬光考慮的是正統。一吵起來，歐陽修在朝中已然被孤立，於是又有人以類似的事件來折騰歐陽修的名譽。

治平四年（1067），歐陽修的一位薛姓表舅與歐陽修有私怨，沿著之前的八卦路線，揚言歐陽修與媳婦吳氏有曖昧。自古儒者以名節為重，歐陽修名譽受損，氣到不行，閉門不出，曾上奏章辯明真相。但因當時他在朝中已成為眾文官的打擊對象，無人替他說話。歐陽修自請出朝，朝廷讓他外放任亳州。王安石變法，歐陽修也不贊同，不奉命實施新法，宋神宗和王安石無可奈何。但王安石當然是不會忘記的，之後神宗想要再請歐陽修回朝，王安石也表示反對。晚年多病的歐陽修獲准告老還鄉，隱居潁州，此時距離他生命的終點也不久了。

後來的學者討論此案者甚多，基本上除了蓄意想要毀謗歐陽修者，無人相信此案不是政敵的編派。有人舉出歐陽修之妻薛氏，治家甚嚴，此事毫無可能。從歐陽修都一再被不倫事件渲染的例子可以明白，身居朝廷風險有多深，不管你有多高的清譽，任何閒話與謠傳也都可從政敵嘴中編織出來，潑髒水從來不難。

如果要比一輩子誰收到最多黑函，歷代人物能跟蘇東坡比的實在不多。蘇東坡沒什麼桃色黑函，但給他上黑函的人更狠，存心置他於死地。

仕途一再受到家中喪事中止的蘇軾，回京三年後，就被甩了個「貪贓枉法」的誣告。此誣告竟然和奔父喪回蜀的旅程有關，他剛聽到這個被彈劾的消息，想必是瞠目結舌，出乎他個人想像力所能及。

神宗小話聽多了，想要不討厭他也難。神宗成為新皇帝，力圖革新，希望在歷史上留名，標榜「致君堯舜」的王安石受到重用，成為皇帝之師。神宗本來很喜歡蘇軾的文章，想要讓蘇軾當諫官，然而蘇軾早惹火了王安石同黨。與王安石弟弟有姻親關係、受到王安石舉薦為工部郎中的謝景溫，告了蘇軾一狀，說蘇軾扶喪回蜀時，沿途作威作福調用士卒，還販運私鹽和江南的木材、瓷器回蜀販售營利。這個案子鬧得天大，謝景溫把蘇軾此行曾經調借的兵卒和當時水手一一審問，又請曾與蘇軾相遇於中途的一位官員李師中出來作偽證，想要把蘇軾搞進牢獄裡。

好在這位李師中並不貪權位引誘，個性直爽，不肯作偽證陷害蘇軾。各地查問的結果，也發現此事並無證據。但是謝景溫預先發出的汙衊訊息以及調動審問的動作之大，製造了未審先判的氛圍，光審問就搞了一年多。山雨欲來風滿樓，應該已經讓百口莫辯的蘇軾為之氣結。彼時他還年輕，應難看得透。

蘇軾蒙受不白之冤的時候，好友范鎮上疏為他陳情：「當年他為了幫父親辦喪事，韓琦贈他三百兩，歐陽修贈他二百兩，他都沒有接受，現在竟然有人彈劾他夾帶私鹽回家販售，船上還有兩具棺木，剩下的空間運鹽，到底是能夠賺多少利潤？哪裡有幾百兩不要，去賺那些小錢的道理？」

這辯解有理有據，幾乎沒有人可以反駁。在此可以看出王安石親信們的慣性行為，欲加之罪，什麼話都有。而這只是一個開端。

然而，神宗在此時一心相信王安石，認為王安石的變革，是改變宋朝弱勢的唯一密碼。

蘇軾被誣陷是有原因的。他說話也太一針見血了。做臣子的不能勸諫年輕皇帝，諷刺一下王安石也行吧？神宗自認為是個英明君主，廣開言路、察言納諫；王安石常讓與自己同一陣線的地方官面見皇帝，證明他的變法成功，以堅定皇帝的信心。他告訴皇帝，為了要推動改革，必得獨斷獨行，不要理會那些保守派的反對。

問題在於，能夠面見皇帝的地方官，都是挑選過的。皇帝只聽得到地方人民歡欣鼓舞對新法表示歡迎，聽到的未必是真正的民情。

在此之前，蘇軾在開封府推官期間，已然呈上〈上神宗皇帝書〉、〈再上神宗皇帝書〉，正氣凜然，大剌剌地反對王安石新法。更讓王安石受不了的，是蘇軾在擔任開封府舉人考試的考官出的題目，「擬進士對御試策」這麼問：「晉武平吳以獨斷而克，苻堅伐晉以獨斷而亡；齊桓專任管仲而霸，燕噲專任子之而敗，事同而功異，何也？」

這些都是讀書人熟悉的歷史故事。獨斷的正面結果有二：一是晉武平吳以獨斷而克，指的是晉武帝司馬炎，決定要解決掉吳國的孫皓。以賈充為首的晉國眾臣反對對吳用兵，只有羊祜、張華、杜預等少數人支持伐吳。雖然群臣多數持反對意見，司馬炎滅吳統一天下的雄心卻很堅定，不管朝臣反對聲浪，給予鎮守襄陽的羊祜極大兵權，就算羊祜打了敗仗，百官奏請將羊祜罷免，司馬炎也只是大事化小，稍加降級，花了許多年的時間，終於完成平吳統一的大事；其二是齊桓公不顧眾人的反對，就是用了管仲為相，使得齊國國力富強，成為春秋五霸之首。

負面的例子就是苻堅伐東晉在淝水之戰的失敗。當時輔佐苻堅使之以少數民族成為北方強權、反對南征的王猛已經去世。苻堅曾與王公大臣們討論伐晉野心，當時參與討論的大臣，絕大多數持反對意見，認為東晉不是重點，鮮卑、羌羯才是心腹之患。連跟苻堅同母弟、太子等人，還有苻堅尊敬的大和尚道安，全部反對他輕啟戰端。苻堅非常堅持，後來號稱百萬雄師渡過淝水，大敗而逃，前秦的國祚也因此奄奄一息。燕噲專任子之而敗，指的是戰國時燕國的故事。燕王噲在位時，國力本來還行，他讓宰相子之專權也就算了，還想要把君主之位禪讓給子之，認為這樣自己可以回去種田安養天年，而且千秋萬世都會享受堯、舜禪讓一般的美名。結果慘得很，國內大亂，太子也起兵反抗子之，光內亂就死了幾萬人，還引來他國的征伐搶奪，燕王噲和子之後來都被殺了。

「你怎麼看獨斷這件事呢？」蘇軾舉了上述四例問考生。

這題目出得極有見地，問題在於誰都知道他是諷刺王安石。諷刺王安石就會被影射為罵皇帝。而皇帝是一丁點都罵不得的。

王安石一看氣瘋了，向神宗說：「蘇軾雖然才華很高，但所學不正……請罷免他！」這一氣氣了好幾天，之後又對神宗說：「像蘇軾這種人，如果不讓他嘗嘗苦頭，使他自己好好反省悔過，肯定無法為陛下所用！」

王安石生氣了，他下頭的人開始參奏蘇軾，連送葬都被編了運鹽私販和濫用公差。

小人成群，王安石不能夠脫其責。此後，蘇軾成為新黨的頭號敵人和最重要攻擊對象。之前談過的「烏臺」詩案，就是因為說他小話和參奏的實在太多，產生了「曾參殺人」效應。

這個「送葬兼運鹽利加濫用公差」的事件，雖然是雷聲大、雨點小，蘇軾沒有遭到懲處，但是朝中的氣氛已是狐鼠當道，讓蘇軾感覺得中央實在是待不下去了。

在蘇軾求去之前，一代名臣歐陽修已離朝，司馬光和富弼等人也已經跟王安石鬧翻。蘇軾回到京城的這幾年，因為王安石當權，出了太多事。這王安石，才華是有的，但個性之偏執，又容不得別人的反對，所以旁邊聚集的都是為了升官愛拍馬屁的小人，也是鐵的事實。

司馬光和王安石當過同事。司馬光本來在王安石執政初期，還寄予厚望替王安石說話，但王安石的為人與為政，確實讓這些有經驗資歷的大臣都非常失望，情商不高又唯我獨尊是致命傷。如果有人跟他意見不一樣，他會大罵別人：「你們不讀書才會這麼想！」自視極高，以學問自傲，看不起「流俗」，只有堯、舜能夠上得了他的法眼。

當君子不想與他共事，小人們就會馬上從裂縫鑽上來，這是王安石逃避不了的責任。

蘇軾請求到外地任職，做了杭州通判。「還是遠離是非圈吧。」他當時以為，到地方上去，為百姓做點真正的事情，不要在朝中當別人的眼中釘就沒事了。

杭州，在蘇軾的任官生涯中，已經算是比較優雅平安的好日子。然而，他沒有改變自己不平則鳴的個性。

是敵人還是朋友

說起蘇東坡的仕途，絕對不能不提王安石。王安石當政時，蘇東坡的從政生涯肯定是「寂寞沙洲冷」。王安石所提拔過的人，對蘇東坡的態度更差，手段更狠。這世界上有一種人，你再欣賞他，也很難當朋友；你再討厭他，他又不真是你的敵人。

蘇東坡和王安石的關係，大概如此。

敵人，是一個必須深究的詞語。

敵人的首要條件，是要能夠匹敵。以蘇東坡和王安石來說，他們的地位並不匹敵。在蘇軾第二次回京，還只是一個行政歷練單薄的小官時，王安石已經是新皇帝的老師，皇帝對他都百依百順。當時王安石權大如天，最大的政敵肯定不會是蘇軾，將司馬光抬出來放在等號右邊，適切多了。但蘇軾遭的殃比司馬光多。

王安石（1021—1086）比蘇軾大十六歲，和蘇軾一樣，飽讀經書，進士出身，文名滿天下。王安石考上進士時，也只有二十二歲。在進入中央之前，做過不少地區的地方官，還做了挺久。王安石先後在江蘇、浙江、安徽、河南等地做過地方官，二十年中他廣泛接觸了各地百姓，也了解民間疾苦，所作所為都有好評。

「春風又綠江南岸，明月何時照我還」、「牆角數枝梅，凌寒獨自開。遙知不是雪，為有暗香來」、「濃綠萬枝紅一點，動人春色不須多」都是王安石的名句，從他這些以自然風景來托喻心情的名句看來，王安石這個人，是有真性情。

堅持著真性情從政，也有副作用。他的真性情，可能會變成一種不同流俗的執拗，或者，對別人的反對意見視而不見。不管你說什麼，我不愛聽，我直覺不對就不聽；你們太保守，太不知進取；只有我最優秀，只有我是真知灼見。

寫詩算是王安石的小副業。提到王安石，重點還在於北宋驚天動地的一場變法。先來看看王安石文章中的名言吧。

教人治己，皆宜以正直為先。

因天下之力，以生天下之財；取天下之財，以供天下之費。

人才乏于上，則有沉廢伏匿在下，而不為當時所知者矣。

世之奇偉瑰怪非常之觀，常在于險遠，而人之所罕見至焉，故非有志者不能至也。

因循二字，誤盡一生。

才之用，國之棟梁也。

你可以讀出他創新改革的精神，也可以看出他是一個有獨特想法、很堅持自己想法的人。

但是誰都知道，理想和現實常常是兩回事；想法和做法，也常常背道而馳。他操心急切地改革，結果如何歷史差不多都給了定論。高遠的理想未必不會把世間搞成了修羅場。一個自認為有良心和良知的人，就算他的理想和初心始終沒有變質過，當理想碰到現實時，是要隨狀況調整適用性的；如果沒有彈性，其結果也未必是福。許多個世紀以來，你應該看盡了「經可能是好經，可是和尚全給它念壞了」的各種政治之禍。

先來說王安石這個人的生活軼事。

宋朝文人喜歡以筆記來書寫他所知、所摹想的小宇宙。不少筆記都談到了王安石的軼事。篇篇都指向：這個人還真聽不見別人的不同聲音。

這些筆記固然不可以全信，但可以視為王安石「流傳於當世的性格指標」。

宋史上說他：「性不好華腴，自奉至儉，或衣垢不浣，面垢不洗。」前頭那兩句，不愛奢華，不搞排場，生活節約，是好話。但後頭這兩句就會讓人皺起眉頭：衣服髒了也不洗，臉上都是汙垢也無所謂。還有人說，他臉上積的汙垢厚到人家以為他臉色發黑，病得嚴重。王安石還硬說，我是天生臉黑，洗也沒用。

傳說王安石的夫人吳氏有潔癖。要夫婿去洗澡、洗頭、換乾淨衣服，王安石總是不肯，吳氏一忍再忍。

這一點，蘇東坡愛泡澡的生活習性和他就是對比了，蘇東坡曾寫過一首詞：「寄語揩背人，盡日勞君揮肘。輕手，輕手，居士本來無垢。」意思是：請那些浴場裡整天在幫擦背的人輕點、輕點，本居士身上本來就沒有汙垢啊。

宋代應該沒有因為丈夫不洗澡就要求離婚的婦人，但妻子忍得了，朋友可忍不了王安石身上的味道。聽說王安石的朋友吳充卿和韓維曾經將他約到澡堂談國家大事，主要目的是要他洗個澡。不然，連理想都沾染上異味了。

王安石被拐到澡堂，他們怕王安石又穿上同一件不知多少天沒換的衣服，還自掏腰包偷偷把王安石的衣服換成新的了。

有一天，他跟宰相王珪一起向神宗彙報政事。王安石鬍鬚中有隻蝨子就這樣探出來頭，年輕的神宗當場就大笑起來。王安石還不知道皇帝在開心些什麼，直到出了宮門，王珪才提醒他，請注意一下自己身上豢養的小動物。

有人傳說，把王安石罵得最凶的〈辯姦論〉是蘇洵寫的。裡頭直批王安石把不修邊幅、刻意節約當成沽名釣譽的方式。說洗臉、換衣保持清潔才是常人，有人卻穿著破衣爛服，吃著豬狗食物，蓬頭垢面，大談詩書；如此不近人情之人，很難說不是奸邪狡詐之徒。

目前學者已有大致結論：收在《古文觀止》中的〈辯姦論〉，是誰寫的不知道，但不是蘇洵寫的。這篇文章沒有在北宋的文選中出現，首次在南宋呂祖謙編選的《宋文鑑》中付諸印刷，《古文觀止》把它列於蘇洵名下，宋史學者鄧廣銘認為不可能是蘇洵所作。

也有這樣一個故事：王安石在擔任宰相時，管家對吳氏說王安石喜歡吃獐子肉，所以每餐都要替王安石準備著。吳氏覺得奇怪，她認為王安石並不偏好獐子肉。管家說自己非常肯定，王安石每次吃飯時，都只挑獐子肉。知夫莫若妻，吳氏請他在王安石吃飯時，把別的菜放在王安石最前面看看。猜得沒錯，他就是把面前的那道菜吃光了。可見王安石吃飯有多麼不在意，也可以說他是真的不在乎自己吃了什麼，他只是挑面前的那道菜吃！

換個角度想，一個這麼不注重自己生活的人，會真的在意百姓的生活感受嗎？

王安石和司馬光早年曾經共事。當他們一起當群牧司判官的時候，頂頭上司是章回小說裡面大名鼎鼎的包公。包拯是個閒時喜歡來一杯的，據說有一天院裡牡丹盛開，包公請大家喝酒。司馬光不愛喝酒，但是礙於長官的情面，勉強乾了杯；王安石滴酒不沾，誰勸酒軟硬兼施都勸不動。所以司馬光曾經評述說，王安石是個不會屈服的硬裡子。努力想提拔蘇洵的歐陽修，曾經大力推薦蘇洵跟王安石交個朋友，蘇洵說了一句意味深長的話：「這個人我知道，不過我認為一個不近人情的人，很少不成為天下的災難！」

這麼不在乎自己，固然也不在乎別人是怎麼看他的。

不過，〈辯奸論〉還真不是蘇洵寫的。

王安石登上政治舞臺，符合時代需求。宋仁宗時，天下太平已久，但是宋朝的問題也出現很久了。有志之士都看得出來，大宋天下是一間浩大宮室，棟梁已經腐朽，每個夜裡都發出了老鼠吱吱聲，柱子都快被白蟻蛀空了。

宋朝的病，十本書也討論不完。官多、兵多、賦稅高、但是政府還是窮。宋太宗大開科舉之門，考不上舉人、進士，做官也還是有各種管道，世襲來的也不少。到了仁宗時，朝廷內外官員數量達兩萬多人，跟八、九十年前宋太祖時期相比，已然多了十倍。

為了養兵、養官，國家入不敷出。宋神宗接手時，國庫捉襟見肘，外敵又屢屢來犯，養的兵偏又派不上用場。宋神宗明白不能再這麼下去了，想要當個明主大刀闊斧的改革。變法，就是為了國家富強。

王安石的出場，和《三國演義》裡的三請諸葛亮有類似之處。

王安石當過很多任地方官，治績很有口碑。很多人推薦過他，比如歐陽修、文彥博。不過，王安石都沒有同意到中央任官，一再請辭，名聲越來越大。一直到戮力改革的神宗，深深相信了他，他才同意接受委任。

王安石提出的新法，主要針對財政改革和軍事改革。財政方面有「均輸法」、「青苗法」、「市易法」、「免役法」、「方田均稅法」、「農田水利法」；在軍事方面有「置將法」、「保甲法」、「保馬法」等。

在此就來說說最被人垢病的「青苗法」和「市易法」。青苗法本意是為了解決荒年農民無收的問題，將國庫裡的存糧借給農民，向農民收取利息，等農民下一季有收成之後再還，本意在扶貧。此與現代信用貸款的觀念由來一致，本意是好的。

「市易法」，就是以國家開辦物價局將價格低、暫時賣不出去的東西收購回來，以免穀賤傷農，等到價格上漲之後，就以高價賣出，表面上看來是一種為人民著想的官方調控，本意也是好的。

王安石的確有商業眼光，與傳統儒家重農輕商不同。

然而，實行的不得法和設計上所導致的與商家爭利狀況，卻使百姓怨聲載道，甚至家毀人亡。

短期效果是有的。新法雷厲風行之後，曾有那麼幾年，全國財政收入曾經大大增加，從宋初的一千六百多萬貫，增加到六千多萬貫。

一時的成功並不是長期的成功。財務上的成長，若帶來長期更高昂的代價……負面作用比收穫更加豐碩，那此法就有修正的地方。

修正，對於王安石而言，太難。

王安石當年在陝西當地方官時，推行「青苗法」曾經有相當好的效果，傳為佳話。但此番將「青苗法」大舉推行，狀況卻變了。這證明了能夠把一個小小的縣管理到一百分的人，並不一定能夠治好一個病了很久、幅員又很廣大的國家。急切推行，造成地方官員變相求功。為了講求效率，中央政府給了KPI（關鍵績效指標）之後，地方官員只求完成目標，不管農民需不需要貸款，就是強迫你要來貸；有的地方沒有官倉糧食可貸，直接當起強盜來，不給百姓糧，還要百姓拿出糧來做業績；當然還有地方官員直接提高利率，中間揩油，把錢放進口袋裡。明明規定利率半年二成，在不少地方竟被私下提高到三成以上，百姓也無處申冤。「市易法」引發了強買強賣的問題，雖然王安石之法推行之後，沒有動用加稅就讓國庫有了錢，但是人民更難生活了。

司馬光對新法的痛斥沒有說錯：「天地所生財貨百物止有此數，不在民則在官……不加賦而上用足，不過設法陰奪民利，其害甚於加賦。」在生產狀況與收成總是不變的情形下，國庫有錢，都是跟人民搶來的，比加稅還糟蹋人民。

有豐富執政經驗的士大夫們看見了新法實行上的問題，想要阻止王安石的躁進，但是王安石永遠找得到「自己是對的」的理由。他跟皇帝說，改革總有陣痛期，你要學會獨斷，不要被那些不想改變、因循苟且的人把這輛馬車拉了回去！

為了對抗龐大保守派，貫徹理想藍圖，缺乏中央政治人力資源的王安石只好擴大招收支持他的新人。來了、來了，小人都來了。他看到有人支持就提拔上來……他只願聽支持他的人的「正面意見」，最尷尬的是這些人大部分都被列入了《宋史・奸臣傳》中。你完全沒有辦法說他知人善任，他的管理學分的確沒有及格。

之前，愛才的歐陽修曾經推崇過王安石，寫了一首詩稱讚他：「翰林風月三千首，吏部文章二百年。老去自憐心尚在，後來誰與子爭先。」事實上，批評過新法的老臣文彥博，以及王安石後來的政敵司馬光曾經欣賞年輕時的王安石。他的政敵，都是史上磊落的君子。那麼，你能夠說他只是被小人蒙蔽嗎？

蘇軾直言批評「青苗法」：「青苗不許抑配之說，亦是空文。果不抑配，其間願請人戶，必皆孤貧不濟之人。家若自有贏餘，何至與官交易？此等鞭撻已急，則繼之逃亡……」本來「青苗法」是不許強迫百姓貸款的，但事實上則不然，官府運用官威以達到績效，少不得強迫百姓借糧取息。還不起，就犯法了，只好逃亡。各地方政府官吏，忙於逮捕積欠官錢的貧戶，官廳裡日夜鞭打這些窮人，很多人為此賣光田產、賣妻女，甚至連命都不要了。

「保甲法」、「租庸調法」、「免役法」……也都各有各的大小問題。寫起來恐怕比《資治通鑑》還長。

新政像暴風雨重重襲來，朝中和民間都起了劇烈震盪。三十五歲這年，在京城擔任直史館兼開封府推官的蘇軾大聲說，新法實行後像「盲人騎瞎馬，夜半臨深池」，不過，神宗和王安石兩個人就像同一個人似的，就算騎瞎馬也快鞭前行。神宗把蘇軾批評新政的上書給王安石看，王安石素來不喜歡這位年輕才子的「縱橫家」文風，對神宗說：「蘇軾才華算高，但所學不正，因為不得志的緣故，才有這種偏激言論！」

除了王安石，神宗聽不見其他大臣的話。既然說之無用，元老重臣張方平、富弼等人乾脆請求外調。蘇軾也在被謝景溫誣告後出京，三十六歲，再做地方官，被任命為杭州通判。

政治不是一個有理想的在位者想當然耳就會改良的世界。

如果百姓在哀嚎，就表示此法有問題。執政者理想崇高，也可能做出很多壞事、害死很多人。如果你用的人，後來蓋棺論定，都被定義成小人，那麼你的識人學沒有問題才怪。

用小人是很有危險性的，小人見利忘義，就算你當了他的階梯，他登上高位，為了怕你也爬上來，肯定不惜讓你跌倒，也一定要把梯子拆下來。王安石自己同樣嘗到了苦果，這點，之後再聊。

現在就來點評一下之前王安石那些金句的問題：

「因天下之力，以生天下之財；取天下之財，以供天下之費。」結果是把人民與商家的財產，放進了政府和貪官的口袋。「人才乏于上，則有沉廢伏匿在下，而不為當時所知者矣」「才之用，國之棟梁也。」——後來證明了他所海選中的人才，都不是什麼人才。「世之奇偉瑰怪非常之觀，常在于險遠，而人之所罕見至焉，故非有志者不能至也」，此語說了他的決心，而他行的也是過於險遠的方法。他說「因循二字，誤盡一生」，然而，沒有一點折衷與彈性思維，也會誤盡蒼生。

「教人治己，皆宜以正直為先。」——多少苛政，多少壓迫，假正直之名而行。其實，只要遠離了人之常情，遠離了體恤與親切，就遠離了正直。

身為首輔，若不知人善任，搞成天下烏鴉都在朝堂，中央權力機構臭味四溢，滿是蝨子。你不能夠說他沒有問題。王安石的新法是一襲他費心剪裁的袍子，裡面卻長滿了蝨子。

而不能不說真話的蘇東坡，成為一個長期受害者，他有一種招黑體質，那些蝨子咬了他一輩子。

三十六歲這一年，蘇軾家中也不安寧。夫人王閏之生了蘇家次子，蘇迨，一出生就問題重重。

西湖雖好莫吟詩

在長子十二歲時，王闓之為蘇軾生下一子，取名蘇迨。

蘇迨一出生就有奇相，額頭高，顴骨也很高，家人叫他「長頭兒」。一出生體弱多病，家裡人都擔心養不活他。

蘇軾也在宋神宗熙寧四年（1071）自請出京，要蘇軾有意見不說，根本不可能。好友文同為蘇軾送行時，還寫了一首詩給他：「北客若來休問事，西湖雖好莫吟詩。」就是怕他以詩文惹禍，遭到小人陷害。

蘇軾已經徹底得罪了新黨這一邊的人。所有的當紅炸子雞，都想要將他除之而後快。

不見用，難自保，是朝中大臣紛紛請求出京的背後原因。司馬光在他之前已請求外調，以端明殿學士的身分前往陝西永興軍擔任知軍一職。當初司馬光面見神宗時，神宗談到蘇軾詆毀「青苗法」，還在回鄉葬父、葬妻時運私鹽之事，司馬光很清楚地表示：「蘇軾連別人給他的喪儀三百兩都懇辭不受，怎麼可能貪圖運鹽那點小利？」「王安石本來就討厭蘇軾，用他的姻親謝景溫當成鷹犬來攻擊蘇軾。」

攻擊蘇軾，只是殺雞儆猴。

蘇軾出任杭州通判之前，也沒改「不平則鳴」的個性。熙寧四年正月，他又為了元宵節的花燈採購跟朝廷唱反調。元宵節前，官方派人到開封府傳諭，要買浙江製作的元宵花燈四千多盞，下頭的人調查了市價之後，上頭又詔令「減價收購」，也就是要便宜買，這樣就能買更多。結果造成官吏把京城市集中所有的浙江花燈都扣了起來，禁止民間買賣。

蘇軾上奏說：「此舉考慮不周，讓人太驚訝了。賣燈的人並不是富人，他們舉債買材料，做了一年的花燈，好不容易等到可以賣了，卻不准買賣。陛下是人民的父母，只能加價買，怎麼可以減價買？」這不是強取豪奪，不顧人民生計嗎？「看起來是件小事，但其實是件大事。現在外頭因此有很多謠傳，說考試要改期、說京城即將把酒當成公賣品、官吏和士兵們也擔心俸祿被減少……」他明言官府議價減價會動搖人民對於政府的信心。他建議神宗，如果真想省錢，那麼是不是皇帝自己省些娛樂費用，也請官府自身開銷節約一點，怎麼會來跟人民討價還價呢？

這一奏獲准，朝廷收回成命，不再找花燈商販的麻煩。蘇軾還為自己的意見被採納相當感動。

新政急迫實行，發生的事情太多了。蘇軾也批評過王安石「改科舉、興學校」的政策。王安石大改考試制度，擬取消明經等科，將進士科改成不考詩賦，只考經義策論，又設了「明法」的「法律專科」來招徠行政官僚。

科舉考試是天下士人晉身之階，改變考試制度是大事，神宗讓群臣一起來商量。蘇軾呈上〈議學校貢舉狀〉，他認為選才的標準在於德行和文章，而德行不是考場裡考得出來的；且以文章而言，若說詩賦無用，那麼策論在實際行政上也沒什麼大用，貿然變更「課綱」、「考綱」只會徒然製造民間困擾，認為還不如照舊。他看不慣的是，王安石用政策幫自己「打書」，他用自己寫的《三經新義》當成科舉考試基本教材，想參加考試的人，只能改為死背他的注釋。於是，先儒的說法被丟進了字紙簍中，王安石的經學成為天下正宗、考試神器。然而，神宗還是全盤用了王安石的意見。

王安石還將自己早年寫的《字說》頒布天下，這是王安石的文字學代表作。不過，不管王安石自己學問有多深，《字說》裡頭的理論有許多荒謬的揣測，一時成為學者們拿來磨牙的笑柄。

蘇軾常拿它來當笑話講。比如王安石說，波字，是水之皮。蘇軾就笑他：「那滑字，就是水之骨了？」其實，用文字學來說，波與滑，都是形聲字，水表其意，皮與骨都是聲符（皮字與波字，骨字與滑字，古音近，後者你用臺語唸就知道了）。取笑得有道理，士人們傳播得很用力。

王安石說，「鳩」字是九隻鳥的意思。蘇軾嘲笑他說：「你這個解釋說得真好，還真的有證據。《詩經》曰：『鳲鳩在桑，其子七兮』；七隻小鳥再加上爹和娘，恰好是九隻，妙哉妙哉。」王安石又說，鹿體格壯，三隻加起來就是個麤（古體的粗）字，三隻牛跑得快，所以就是就有了犇（奔）字，蘇軾笑說：「若說三鹿為麤（粗），鹿再怎麼粗都不及牛那麼粗。三牛為犇（奔），牛怎麼可能跑得比鹿快。您還不如把三牛改成粗字，三鹿改成奔字，那還比較符合自然界的道理。」

話說王安石這些書，當時雖然洛陽紙貴，都沒有留存到如今，可是蘇軾對王安石亂說文解字的嘲笑，倒是傳頌千古。

蘇軾的諷刺算是高級幽默，但也沒給王安石留餘地，讓自己被跟著王安石升官的人咬牙切齒了很久，想除掉他的人更多了。

蘇軾帶一家子搭船出京，很久才到杭州。

他逛到陳州探望他的恩師張方平，並拜訪在陳州當學官的弟弟蘇轍。光在陳州，他在弟弟家就住了七十多天。

蘇軾還和弟弟一起到潁州去，探訪退休後的歐陽修。歐陽修一輩子遭受過多次毀謗，心灰意冷、及早退隱了。幾年不見，老了很多，頭髮全白、終年牙痛、兩耳重聽、眼睛也接近失明，還患有糖尿病（古稱消渴疾）。儘管如此，他還是相當健談，還與蘇氏兄弟吟詩作賦。他們在歐陽修家也留了二十多天。直到入冬，他才到杭州赴任。

杭州有美景，當時號稱東南第一州。

也因為在杭州任官，將西湖形容得最動人的詩，就是蘇軾寫的。

誰都看過：

水光瀲灩晴方好，山色空濛雨亦奇。欲把西湖比西子，淡妝濃抹總相宜。

在他的心中，西湖晴天雨天都是美的。文人到了西湖，沒有不寫詩的。但提及西湖第一詩，還是此首〈飲湖上初晴乍雨〉。

甚至連狂風暴雨也是美的。如：

黑雲翻墨未遮山，白雨跳珠亂入船。卷地風來忽吹散，望湖樓下水如天。

動靜之間，狂暴中忽然呈現的悠靜之美，都被他隨手捕捉了。這種雲開霧散的悠然，恰如蘇軾人生。或許你也可以這麼擴張解釋：那些老是被人家誣告的日子，彷彿暴雨一般，在杭州，一切又如湖水復歸平靜。

還有：

放生魚鱉逐人來，無主荷花到處開。水枕能令山俯仰，風船解與月徘徊。

——〈六月二十七日望湖樓醉書〉

水枕風船，都被他賦予了自然靈動的生命力。

⊙ 元趙孟頫〈書蘇軾西湖詩〉。（臺北國立故宮博物院藏）

如果蘇軾沒有因為仕途的不如意來到西湖，那麼，可能忙於寫行政公文，每天案牘勞形。仕途不幸，文學之幸。幸與不幸，不能只從一個角度看。

從抒壓角度來說，在杭州當官是他的幸運期。

杭州西湖有許多寺廟，他交了好多和尚朋友。他在此處也還有時間尋幽訪勝，和寺裡的住持們談詩說理無憂度日。

後來，即使離開西湖，他還很是懷念在西湖的日子。有一首詩這麼形容自己的心境轉變：

西湖天下景，遊者無愚賢。深淺隨所得，誰能識其全。
嗟我本狂直，早為世所捐。獨專山水樂，付與寧非天。
三百六十寺，幽尋遂窮年。所至得其妙，心知口難傳。
至今清夜夢，耳目余芳鮮。君持使者節，風采爍雲煙。
清流與碧巘，安肯為君妍。胡不屏騎從，暫借僧榻眠。
讀我壁間詩，清涼洗煩煎。策杖無道路，直造意所便。

應逢古漁父，葦間自延緣。問道若有得，買魚勿論錢。

——〈懷西湖寄晁美叔同年〉節錄

這首詩裡寫的是他在杭州公餘之外體驗的自在生活。蘇軾是喜歡交朋友的，內心也沒有什麼士大夫的架子；在這裡，他交了不少朋友，也屢屢寄宿在寺院裡。

這一段時間，是他生命中的好日子。次子蘇迨仍然體弱多病，人家的孩子到一歲多都能跑了，他還站不起身子，要大人抱著，夫人很是憂心。不過，蘇軾的生活還過得去。有官祿養家，生活還算豐足；不在朝廷裡，不會看見那麼多鬥爭，生那麼多悶氣，還背那麼多黑鍋。而杭州的世外高人也多，不乏高僧和他談禪、文友和他唱和。蘇軾本來不是個貪求的人，若有一杯好茶，一個安靜的地方可以睡個覺，就覺得心滿意足。

杭州多好茶。他在這裡仔細地研究了泡茶的方法，寫了〈試院煎茶〉一詩，說好茶要有新鮮泉水；水的火候也要善加調控：先用文火慢慢把水燒開，然後將翠綠茶餅入於碾茶的容器中，細細研磨，一邊細聽水沸之聲。

水沸之聲分三階段。初時，聲音很小，水泡如同螃蟹眼睛一樣微小；一沸時，沸聲漸漸變大，如有風聲，此時起泡已大如魚的眼睛。此時將炭火煽得更旺，活火急煎，壺中沸水騰湧，裡頭發出了水珠碰撞茶壺的清澈聲響，就是三沸了。二沸是最佳注茶時機；若到三沸，茶湯太老了。

磨好的綠茶放入茶甌中，用二沸的水來沖，看葉子在茶甌中旋轉，先將此清香吸入胸中，再細細品味茶香，以此滌清凡俗之慮。

蘇軾是個美食主義者嗎？

是，也不是。因為他並不挑。他只是會過日子，特別是在看似過不下去的日子裡，想辦法過日子。之前已提及，那些在史上留名的黃州「東坡肉」，用的是當時最賤價，沒被當成上等肉的豬肉。想想，一個帶罪之官，沒事可做，也沒足夠錢吃什麼好料，所以只能、也必須將他的創意發揮在飲食裡。蘇氏美食，代表他「活在當下」的精神，微笑面對命運的態度，還有創意的出口。

他看來大而化之，但卻是個觀察敏銳、對待大小事都會自動想出「可以怎麼做比較好」的人。

這一點和只吃眼前那道菜的王安石是反比。王安石是一個不會享受生活的人。

在西湖時，家裡到底發生了一件好事。蘇迨三歲時還不會走路，蘇軾要求西湖天竺靈山的辯才法師幫他剃度，當個小沙彌以避災。

沒想到剃度之後，蘇迨就像平常兒童那樣可以行走了。蘇軾的眼睛本來不舒服，多看了好山好水，似乎也好了許多。

蘇軾在杭州是中央派任的地方官，地方官就得執行中央政策：他最反對的新法。他要負責監考，考選杭州舉人送進殿試之中。考試的範本，可就是王安石自己寫的書，他也沒辦法改變什麼。

宋代禁販私鹽，由政府統一收購；明明是沿海居民唾手可得的民間物質，民間並不能自由買賣。而政府收購價格甚低，買低賣高，使得鹽民生活困苦；鹽法苛刻，百姓稍有犯法，就被流配充軍。於是百姓想到了個法子，看準地方政府兵力不足，走私鹽的人，形成數百人集團一起武裝運鹽，讓官府管不著。官府看著這些武裝運鹽部隊，除了運鹽之外也沒犯什麼法，也就假裝沒看到。不過，又導致了官方在公鹽方面的稅收愈來愈少。

官方財力吃緊，決心來硬的，派了軍隊到杭州等地，加強取締走私；又來清算鹽戶所積欠的鹽稅，如果繳不出來，就要被關進牢裡。在蘇軾看來，是「兩浙之民，以犯鹽得罪者，一歲至萬七千人而莫能止」；軍隊都在鹽田，而鹽工都在牢裡，可以見得官僚系統運用的殘酷。王安石卻還為自己辯解，說為了整頓鹽政，非用嚴刑重法不可，這叫做「以刑止刑」：刑罰很重，就可以殺雞儆猴，人民就會因為害怕不再犯。

在北方大殿裡積極談論變革的人，始終沒有聽見人民的哀嚎聲，都上奏神宗，說百姓歡欣得很。

百般無奈中，蘇軾還須負責朝廷想要開設運鹽河道的監工，眼看著千名民夫，在大雨之中，被朝廷強徵來服義務役，像一群牲畜一般。「鹽事星火急，誰能恤農耕。薨薨曉鼓動，萬指羅溝坑。天雨助官政，泫然淋衣纓。人如鴨與豬，投泥相濺驚。」他寫實地描繪了：朝廷想要多收點錢，勞師動眾，讓百姓放下農忙時期的農事不管，在爛泥巴裡掙扎為官方打拚。他感嘆自己這個官實在做不下去了，想要求去。然而，養家活口的擔子，能不扛嗎？

在江南期間，蘇軾開始參與水利工程。除了鹽運河之外，也曾到湖州考查築堤的問題。他看見了政府的巧取強奪，也看到人民的飢寒無奈。他的權力微薄，只能借著詩，寫出民生疾苦。

熙寧五年（1072）他寫了〈吳中田婦嘆〉。此詩被人稱為有杜甫之風。

今年粳稻熟苦遲，庶見霜風來幾時。
霜風來時雨如瀉，杷頭出菌鐮生衣。
眼枯淚盡雨不盡，忍見黃穗臥青泥。
茅苫一月隴上宿，天晴獲稻隨車歸。
汗流肩頳載入市，價賤乞與如糠粞。
賣牛納稅拆屋炊，慮淺不及明年飢。
官今要錢不要米，西北萬里招羌兒。
龔黃滿朝人更苦，不如卻作河伯婦。

寫的就是當時新法產生的虐政問題。當年秋冬，江南久雨不晴，稻子泡在水裡很久，好不容易能收割了，糧價又被壓得很低。本來農民繳稅，可以交錢，也可以交米，但新法實行之後，因為米價便宜，官吏硬性規定人民只能繳錢，不能交米。米賤錢貴，農民要拿之前兩倍的米才能繳稅，有人就只能連牛也賣了，屋子也拆了，才能夠繳納稅款，稅交完了，家裡什麼也沒有了，實在活不下去。

這詩淒苦得露骨，是蘇軾的不平之鳴，語意中固然在譏笑朝中之人不顧民生困苦。

當年，京師的朋友在送別時，要他「西湖雖好莫吟詩」，是勸諫、是嘲諷、也是一語成讖。小人們搜集的證據，有不少蘇軾在杭州通判時期與好友的唱和，成為他被誣陷的證據。

比如他在湖州寫給好友孫莘老的一首詩：

嗟予與子久離群，耳冷心灰百不聞。若對青山談世事，當須舉白便浮君。

此詩其實沒寫什麼要事，只說自己對於朝中諸事心灰意冷，還不如對飲一杯酒。這首詩、這類詩都被列入對皇帝不敬之罪的證據。

小人的邏輯是能牽扯就牽扯，就是要把你的耳冷心灰，都針對皇帝本人！對皇上不敬就視同謀反。

時政改革是個複雜問題，不能只靠魄力，王安石憑自己「沒得商量」的理想主義想在最短時間內改革天下之弊，就好像逼一個多年的慢性病患者接受短暫鐵血訓練，馬上要在運動會奪魁般。引起其他併發症，又假裝沒看到，塗改了健檢表，說一切無恙。

離開京城之後，蘇軾看見許多新法引發的問題。他用詩呈現問題點，卻變成他自己的問題。這是天真的他徘徊西湖時沒想到的。

這是「烏臺詩案」前的平靜黎明，蘇軾在杭州任官。

牆裡佳人笑

在此我們先讓一位重要的女子出場。王朝雲。

若將詞風粗分為豪放和婉約，蘇軾的詞兩種都有。看看這一首〈蝶戀花〉：

花褪殘紅青杏小，燕子來時，綠水人家繞。
枝上柳綿吹又少，天涯何處無芳草。
牆裡秋千牆外道，牆外行人，牆裡佳人笑。
笑漸不聞聲漸悄，多情卻被無情惱。

相傳這是蘇東坡在宋哲宗紹聖二年（1095），在惠州寫的。此時他已經白髮斑斑了。幾乎只要新皇帝上任，蘇東坡就會遭殃。蘇東坡被貶到了惠州時，已經覺得自己在天之涯海之角，沒想到後來還會再度被貶到海南島。

皇帝希望你搬得那麼遠，就是不打算再看到你了。而蠻地荒涼、瘴癘之氣多，物資貧乏，也沒有醫藥資源，把你調到那裡，表示不管你死活；等你掛了，再給你一個不關痛癢的謚號就好。

常常因言獲罪的蘇東坡應該是這麼想的：既然不要我語帶諷刺，不要我議論時政，那我寫一寫靡靡之音總可以吧。

這詞，寫的是一個行人，聽到院子裡頭佳人盪秋千發出的呢喃笑語，卻不見其人，相思無處訴。寫得十分婉約，滿溢著傷春情緒。此時蘇軾超過六十歲，侍妾朝雲比他小二十七歲，也三十多了。

從有《詩經》、《楚辭》以來，只要思及佳人，老學究們都會說，哪有什麼閨中情思，這是思君啊，這是滿懷憂國憂民啊，每個寫作者都被「任命」為屈原。這些推論或許沒錯，但將有情詩詞這樣解釋，到底是讓文學作品就變得道貌岸然，索然無味。

這一闋詞，如果明白蘇東坡的個性及遭遇，把它解釋為思君也沒有什麼不妥。借傷春來抒發被貶謫嶺南的寥落，許多哀愁欲言又止，正是他的心情寫照。

這闋詞有個故事。

在他生命中倒數的某個秋天，蘇東坡與他的侍妾朝雲閒坐，他要朝雲唱這闋詞來聽聽。朝雲才剛開口要唱，悲從中來，淚流不止。蘇東坡問朝雲：「妳怎麼了？」

朝雲說：「這兩句，我唱不了。」

唱不了的那兩句，是「枝上柳綿吹又少，天涯何處無芳草」。

你知道，後世的人愛把「天涯何處無芳草」當成勵志句。你失戀了，天涯何處無芳草，也就是此處不留人，自有留人處；不要耽於眼前，走遠點就會有路。

朝雲不忍心唱這兩句，自有她的理由。她明白，蘇學士的豁達，是不得已。朝雲曾為年過半百之後的蘇東坡生下一子，算是蘇東坡最小的兒子。然而，在貶居生活中，什麼條件都不好，沒多久，嬰兒就因病離世了。此兒之死，朝雲把一生的淚都哭掉了。

這兩句話，描寫的柳絮在微風的吹拂中，紛紛離開枝頭，愈來愈少，春也隨之而去。

然而天地如此廣闊，哪裡沒有青青芳草呢？極目遠望，處處芳草、處處春意。所以也不用一直傷春，惦記離枝之柳絮。花謝花開，一如緣起緣滅，何必執著？可是啊可是，就是因為多情，還是會被無情而惱。

不管「天涯何處無芳草」聽來多豁達、多有格局，朝雲一生跟著蘇東坡受苦，唱在傷心人嘴裡，想起今生遭遇，實在唱不下去……

蘇東坡笑說：「我正在悲秋，妳卻又傷春了。」

沒多久，比蘇東坡小上三十歲的朝雲先病逝。蘇東坡終身不再聽人唱這闕詞。

如果沒有王朝雲，蘇東坡的人生下半場就是一連串苦字。

蘇軾在杭州當通判期間，朝雲進了他家門，十二歲。

蘇軾在北宋士大夫中，「算是」不近女色的。雖然這個「性不昵婦人」的說法，可能跟現代文藝小說的想像有些距離。北宋士大夫家中都有家妓，隸屬樂籍的妓女，由官府派員監管，稱為官妓或營妓，官妓管理相當嚴格，就算是太守或朝廷高官，與官妓有染被告發者，也會因受彈劾而丟官。

家妓不在此限。達官貴人之家，都設有家妓，家宴時，家妓粉墨登場。家妓被視為主人們的面子，也是士大夫往來的必需。

宋朝的女人們不算是所有朝代中平均命運最慘的。不過如果沒生對人家，命運就十分淒涼。荒年裡頭一出生就被丟掉的孩子，絕大多數還是貧家的女兒。此時達官貴人之家自蓄家妓的風氣很盛，影響了貧家對女兒的教育模式。女兒若有些姿色，就送去學彈琵琶、學唱歌，將來能賣個好價錢；沒有姿色的就學其他才藝，像做針線、當廚娘，在有錢人家供差，長大就能夠養活自己……仍然圖的是一個比較好的價錢。

士大夫不能與官妓通款曲，但家中可自由蓄妓，不會遭到什麼批判。有兩個流傳的士大夫故事，可以說明當時士大夫的紅粉生活。

宋仁宗時還有宰相叫宋庠，是個不喜歡應酬的學者。某個上元節的夜晚，他一個人在書房看《易經》，聽見隔壁弟弟大學士宋祁家歌聲人影嘈雜歡宴到天亮，宋庠忍不住提醒弟弟說：「喂，你昨天歡宴到天亮也太奢侈浮誇了吧？你還記得我們當時一起在州學讀書時，上元節只有醃菜配飯嗎？」

宋祁回哥哥說：「哥哥，那你還記得，當年我們吃醃菜配飯，圖的是什麼？」

為的是有朝一日，金榜題名，榮華富貴，然後就可以享受歌聲笑語了。

蘇軾和當代知名的詞人張先之間，也有一段有趣的故事。張先在八十歲時，買了一個漂亮的小妾，只十八歲。請了當時所有的名士一起來慶祝。

張先自己為此寫了一首詩：

我年八十卿十八，卿是紅顏我白髮。與卿顛倒本同庚，只隔中間一花甲。

此詩雖是自我調侃，言語間得意洋洋。

蘇軾看了，立刻揮毫，寫下：

十八新娘八十郎，蒼蒼白髮對紅妝。鴛鴦被裡成雙夜，一樹梨花壓海棠。

一樹梨花，指的是老先生頭髮全白；嬌弱的海棠，自然是那個小妾。此詩形容巧妙，戲謔之作被傳頌甚廣。

後來蘇軾又有〈張子野年八十五尚聞買妾述古令作詩〉一詩。這是杭州太守陳襄命他「聊聊」的題目，此題明白說道：張先已經八十五歲了，與之前的詩「與卿顛倒本同庚，只隔中間一花甲」比較，此時所買的妾搞不好還是另外一位年輕女孩。蘇軾是這樣寫的：

錦里先生自笑狂，莫欺九尺鬢眉蒼。詩人老去鶯鶯在，公子歸來燕燕忙。柱下相君猶有齒，江南刺史已無腸。平生謬作安昌客，略遣彭宣到後堂。

錦里先生指的是張先。

我們來看看蘇軾用的典故。此詩所用的典故，都跟姓張的豔聞有關。用典用得行雲流水，又能扣住主題，是蘇軾特色。他像一本典故百科全書，那麼順暢，就像水龍頭一打開，水就來，從不會為了一個字，撚斷數根鬚。

鶯鶯指的是《西廂記》中和張生相好的崔鶯鶯，燕燕是與唐代徐州太守張建的妾關燕燕，都是愛情傳奇。

杜下相君是西漢的丞相張蒼，他老年的時候，還有一百多個妻妾，此時的他牙齒掉光了，靠吃人乳度日，還過著香豔的養老生活。「江南刺史」是唐代的張又新，聽說他曾經「連中三元」，在考場上百戰百勝。這麼會考試的他卻說：「我這輩子沒啥大的願望，唯一的願望就是能娶一個大美女。」後來他果然如願有了個漂亮妻子，問題出在兩個人沒太聊得來，也不算一對佳偶。

「安昌客」是漢成帝的老師張禹，他有兩個得意弟子彭宣、戴崇。這兩個弟子對待老師的方式不一樣。彭宣來的時候，張禹就正襟危坐，為人師表；但另外一位弟子戴崇一來，張禹就常常帶他去內堂和自己的妻妾同桌吃飯、盡情說笑。或許這也是一種因材施教。

好事者相傳，這些八十以後娶的小妾還給張先生了四個孩子，兩男兩女。張先最大的孩子和最小的孩子之間相差六十歲之多。

這是福氣嗎？見仁見智。至少，張先的生活比蘇軾優渥很多。

熙寧四年（1071），蘇軾在杭州當通判，在某一次宴會上，他認識了十二歲的王朝雲。朝雲是杭州人，家境貧寒，從小長得漂亮的她，被家人送去學歌舞、學琵琶。蘇軾幫清秀可人的朝雲贖身，可能因為看她年紀小，就在歡場討生活，於心不忍。朝雲到了蘇軾家裡，除了在家宴中獻曲，也會幫王閏之照顧孩子。蘇軾在杭州結識的，蘇門四學士之一的黃庭堅，曾經做過一首詩：「儘是向來行樂事，每見琵琶憶朝雲。」可見朝雲的琵琶彈得極好。

到了十六、七歲，朝雲成為蘇軾的侍妾之一。蘇軾還有另一侍妾叫做碧桃。蘇軾當時是杭州的副首長，家裡要有家妓充場面。相對於其他士大夫，他家裡的女人們算是簡約的。這跟官不大、錢不多有關，也跟個性有關。

蘇軾生性豪爽，喜歡朋友，應酬中看到美麗聰慧的女子，他也會默默欣賞。有女子相求，他也會詩興大發應邀寫詩詞。彼時在杭州，他還不到四十歲，就已經會以「老來厭伴紅裙醉，病起空驚白髮新」，或「慣眠處士雲庵裡，倦醉佳人錦瑟旁」來描述自己的心態。對他而言，到寺裡睡個安靜的午覺，可能比在燈紅酒綠中應酬來得舒適一些。

有個杭州軼聞，說明了他對這些妓籍女子，很能將心比心。官妓想要出籍，就是不想在歡場工作或想從良，要得到太守的批准。傳說有次陳襄外出，蘇軾奉命代理公事。有個被稱為「九尾野狐」的嫵媚官妓，想要出籍，蘇軾大筆一揮，馬上應允她從良。陳襄回來，非常懊惱，但已無法改變事實。

他在杭州任上，王閏之也生了他的第三個兒子蘇過。蘇過是他所有兒子之中，被認為最像蘇軾的。從小聰明伶俐，能詩能文。

蘇軾在杭州當差，雖然可以盡覽山水之勝，但他心裡卻總是在掙扎：是不是像他的偶像陶淵明一樣，辭官歸去比較好？

一來沒有現實條件，二來眼見百姓還在水火之中，他還是勉強努力做些小事。忙裡偶爾還能偷閒，有時奉命放糧賑飢，就可以出杭小旅行，趁機拜訪朋友。他在江南認識的新朋友不少，也有很多原本在京師做官的朋友，因為沒站在王安石那邊，全被「下放」到江南來了。

王安石的新法，在蘇軾當杭州通判時，民怨已經哀鴻遍野。

神宗是個想要改革，但事實上並沒有自信的君主。雖在新政初期，他有著「不管誰反對，我就是要跟著王安石一路走到黑」的勇氣；但是後來民怨實在太過澎湃，呈現出來的真相愈來愈不像他當時想像的，神宗也發慌了。

皇帝不會錯，有錯當然是大臣的錯，不然就是紅顏禍水的錯，這是自古的套路。紙包不住火，京城裡也漸漸接到各路的真消息。一張流民圖打翻了神宗的改革大夢。

鄭俠，進士出身，當時擔任京城小官。熙寧六年以後（1073–1074）關中與河北河東之地大饑荒，流民全都逃到京城附近來找活路。鄭俠眼見的景象，盡是人間悲劇。口說無憑，於是，他將它畫下來了，而且當成急件上奏神宗。鄭俠說，這一切都是真的，所畫的流民嚴重程度還不及百分之一，這圖如有虛假，陛下可以馬上將我以欺君之罪處斬！

這些流民，衣衫襤褸，拿著自己僅有的家當，扶老攜幼，希望入京找口飯吃，每個人看起來都像乞丐。誰都知道農民安土重遷，流離失所絕非自願。

繪畫有它的寫實力量，很難說鄭俠只憑想像。鄭俠是勇敢的，他當然知道在新黨當權時，這麼做若不掉腦袋也會被攻擊得像刺蝟一樣。神宗終於親自看到了這一幅圖，一直嘆氣，夜不成眠。

各地久旱成災，就算是天氣的錯，但沒有及時賑荒，造成這麼大的問題，不能說執政者舉措合宜。古時候天的錯和主事者的錯，本來就很難分清楚。一遇到天災，天子就會下詔罪己，。

圖畫是具象的現實描寫，新黨可以說流民圖是保守黨陰謀反擊，卻永遠不能說鄭俠畫的不是事實。

鄭俠是一個年輕進士，如果想要升官發財，早就可以靠到新黨那邊去。「青苗法」、「市易法」等法的為害，神宗並不是沒有聽說過，只是當時他認為那是過渡現象，不能因噎廢食；然而這一幅圖證明了人民在水深火熱之中，而正在執政的新黨群英，竟沒有及時讓他知道真相，他開始動搖了。

神宗深信王安石新法可以富國強兵，之前，就算是太皇太后和他的弟弟勸他都沒有用。

祖母光獻太皇太后曾勸他：「我聽說民間為『青苗法』和『免役法』所苦，就不要實行了吧？」

他堅稱，這個法對人民只有利，沒有苦。

「王安石很有學問，但是到處結怨，父輩留下來的元老大臣都走了，他結怨太多，為了保全他，不如讓王安石暫時派駐地方可好？」太皇太后這話說得十分技巧。

「我不認為！我認為所有大臣們中只有王安石在為國家做事。」

這時，神宗的弟弟歧王趙顥也在旁邊，跟哥哥說：「為了天下著想，太皇太后說的話，您考慮一下吧？」

神宗不敢對太皇太后生氣，卻對弟弟動氣：「你是說我敗壞天下嗎？那皇帝你來做好了！」

這是好大一頂帽子。趙顥若傻傻說好，可不就是欺君犯上加意圖謀反？趙顥氣哭了：「你怎麼把話說到這裡去呢！」

後來，太皇太后甚至直接對神宗說，王安石禍亂天下。

神宗一直撐到看見〈流民圖〉，心裡發生了大地震。他找王安石來談，王安石還說：「水旱本來就是天底下常有的事，就算堯、舜、商湯那樣賢明的君主，也避不了，您即位以來，每年都是豐年，現在只是不幸遇到了比較長的旱災！」

聽來，還是無關新政之事。

從客觀上來看，剛執行新法時，國庫前幾年相當豐饒，然而與民爭利的弊端，具有延遲效應，民間的禍害是慢慢出現的，遇到了荒年這種「黑天鵝事件」，負面事態就更嚴重了。神宗終於對王安石說出了他的意見：「我怕的是，執行法令的人事出了問題。以免行錢來說，大家都說收得太多了，不但有民怨，我旁邊所有人，包括后族的人，沒有人說它好。」

王安石諸法立意，主要是為朝廷理財，並不在於為人民謀福。這裡提到的免行錢，也是針對商人的新法之一。宋代商人除了交稅外，還有一種額外的攤派，包括物品和人工，若想要免除這種攤派，可以交錢替代。後來，免行錢演變成入「行」錢，想從事任何商業或服務業活動都要交錢來買許可證。原意是讓各行決定，不過到後來都變成了勒索。《宋史．鄭俠傳》裡有記載：連挑水、賣粥、賣茶這些小商小販，不交足免行錢就不能開業，這對於民間商業是很大的扼殺。神宗對這個「免行法」，本來心中也有疑義，卻因王安石的堅持而同意。

這次，雖然王安石這麼說，神宗沒再聽他的，直接下令在開封停收免行錢，讓大家都可以自由開業；又讓司農發糧賑濟災民。他又讓官員調查「市易法」有誰在中間搞鬼，搞得民不聊生？又停止了「青苗法」和「免役法」對人民的各種追討……不少新政在一夜之間被叫停。

王安石是那麼有尊嚴的一個人，怎能忍受這種突如其來的不信任？他堅持罷相，請求離開朝廷去做官。王安石走後，神宗並沒有打算放棄新法，啟用了王安石的下屬及門生：韓絳和呂惠卿。

此時朝中大事與杭州地方官蘇軾沒有太大關係。蘇軾的杭州三年任期滿了，就被調到了密州去。他又帶著家眷赴任了。名義上他算是升官了：權知密州軍州事，升任為主政一方的地方大員。但是密州，可不比杭州繁華啊。在從杭州赴任密州的路上，他寫了〈沁園春・孤館燈青〉有這幾句話：「有筆頭千字，胸中萬卷，致君堯舜，此事何難！」

對於未來的工作，他仍有雄心壯志。

但飛舞在空中迎接他的，是千千萬萬的蝗蟲。

酒酣胸膽尚開張——密州的蝗蟲戰爭

熙寧七年（1074），蘇軾結束了杭州任期，被調往密州（山東青島、濰坊一帶）任知州。從太守副手變成了一州之長。

密州是朝廷的一個燙手山芋。

一踏入密州，蘇軾就看到遠方黑壓壓的烏雲，一大群浮動的鬼魅蓋住了天空，發出的聲響震耳欲聾。家眷們都嚇壞了，這是什麼不祥的預兆啊。

出身於農家的蘇軾，馬上明白發生什麼事。

大批農民正在對付大吃莊稼的蝗蟲，但像百萬大軍壓境一樣的蝗蟲捕也捕不完。結果官員們竟然敢告訴剛來的州老爺：「沒事，沒有造成什麼災害。」

這就是官場作風：不報災就不用擔責，不擔責就不會丟官。就好像當時力主變法之後，沒有人敢上報「青苗法」之害一樣，報喜不報憂，以逃避責任與降罰，早是官僚習性。據說上一任的州老爺，也不管蝗蟲的事，甚至還會上報朝廷：「蝗蟲來還有好處，會為田地除草。」是的，連收成都除得一乾二淨。

蘇軾不是怕事的人。他上任沒多久，就擬了奏章快馬上報蝗災實況，請求朝廷為老百姓減免稅賦、撥糧賑災；再來便是著手徹底消滅蝗蟲的計畫。

蝗蟲的繁殖能力很強。眼看著今年收成已經無望，那也得為明年著想，不然，每年都會蝗蟲遍地、顆粒無收。

他知道一定要在幼蟲時就消滅蝗蟲，他與百姓一起主動作戰，率領農民們將帶有蝗卵和幼蟲的草木都燒掉，讓蝗蟲再也沒有破殼而出的機會，也使得稻田披覆草木之灰，土地得到滋養。為了讓大家執行滅蝗任務，他的腦筋動得很快，想到了一個以蝗蟲屍體換糧的辦法。他告知老百姓：兩斤蝗蟲就可以換一斗米。想吃飽飯嗎？那就一起來消滅蝗蟲。百姓開始積極參與，滅蝗蟲效率也大大提高了。

為了滅蝗，蘇東坡日日都忙到了頭一沾枕就可以睡著的地步。

蘇軾不是只有動動嘴皮下命令而已，他擬定計畫後，親自奔波在第一線，與老百姓並肩戰鬥，雙手也滿是結了繭與疤。不久消滅了八千斛蝗蟲。在計量單位中，斛相當二十升，八千斛等於讓十六萬畝農田免去了蝗害。百姓們知道，來了個想要解決民怨的好太守。

滅了蝗蟲，蘇軾又開始生病。寄詩給朋友時，寫的是「此生何所似，暗盡灰中炭。」一直感覺自己的人生像灰燼欲滅。他命大，病好了，就算沮喪也沒能休息太久，因為密州還有另外一個嚴重的問題：盜匪橫行。尤其在沒飯吃的荒年，盜匪山賊們打家劫舍更加頻繁；他也運用民間力量，懸賞捕盜，並即時頒發獎金。捕盜要兵卒幫忙，沒想到朝廷派來的兵卒還比強盜慓悍，還沒捕盜就先危害居民，和百姓吵了起來。蘇軾費了一番苦心找到這些擾亂民生的悍兵，加以懲處。一波未平，一波又起，讓他全無閒情逸致。

密州和杭州不同。杭州是水鄉澤國，密州常發生旱災。第二年春天，久旱不雨。當地人民相信境內的常山有山神，蘇軾於是到了常山二次祈雨。蘇軾許下願望，如果能下雨，就會幫常山神蓋廟。老天爺還滿願意幫他，旱災就這樣勉強度過，蝗災仍然來襲，至少沒有去年來得鋪天蓋地。

雖然懷念著杭州水鄉澤國的生活，蘇軾也漸漸地享受北方生活的樂趣。在常山廟落成時，蘇軾也開始學習北方人打獵，充滿豪情地寫下一首〈江城子．密州出獵〉。

老夫聊發少年狂，左牽黃，右擎蒼。錦帽貂裘，千騎卷平岡。為報傾城隨太守，親射虎，看孫郎。
酒酣胸膽尚開張，鬢微霜，又何妨？持節雲中，何日遣馮唐？會挽雕弓如滿月，
西北望，射天狼。

四十出頭，已自稱老夫。

若只從生活經驗的累積而言，蘇軾在密州是收穫滿滿的，他是蜀地人，因為外調，看盡了江南之美，又能夠沾染北方的豪氣。這首詞，使他自豪說自己「自成一家」。當時的詞多半寫的是閨情，他這首詞偏不一樣，適合山東壯士，拍手踏腳、吹笛擊鼓來唱，何等壯觀。

為了讓人民安居樂業，蘇軾想破了腦袋要做些什麼。然而，中央還不斷地依法斂財。

王安石走了，韓絳和呂惠卿當政。呂惠卿也學王安石拍腦袋制定律法。呂氏制定所謂的「手實法」：由政府規定標準物價，讓各戶主填報家產，除了個人專用工具之外，一切財物都要誠實上報，登入官方帳簿，從總值課徵五分之一的財產稅，不但派人挨家挨戶檢查，如有隱瞞，隨官沒收；更鼓勵民間告發，告發的人還可以得到沒收款項三分之一的獎金。

⊙ 蘇東坡雕塑。（達志影像提供）

告密可得獎賞，結果必小人橫行。鄉裡小人到處檢舉、官吏中飽私囊；每個家庭都可能有犯法嫌疑，不少家庭因此破產，流離失所。社會秩序，也因為朝廷貪婪伸手到人民的家庭而撼動。而此時有關鹽的重法也推展到了密州，為了收鹽稅，要把濱海的密州所有的鹽收歸官賣，想要懲罰賣私鹽的人。蘇軾曾經目睹杭州附近上萬貧窮百姓都因鹽法被收監流放，他為百姓上書韓絳，朝廷卻回答他說，陝西都已經開始實行鹽稅了，不可能只有密州不實行。蘇軾抗爭無用，又因「不聽話」被人記上了一筆。

密州生活困苦，路上多棄嬰一事可以為證。蘇軾懸賞，貧家生出一個嬰兒，就可以領米六斗。這六斗可以讓他們養孩子一年，一年過後，對孩子有感情了，孩子是自己的好呀，就不會將之拋棄。

密州的日子與杭州士大夫們還可以喝酒吃肉、看戲聽歌的日子大不相同。蘇軾如此形容他的密州生活：

何人勸我此間來，弦管生衣甑有埃。綠蟻濡唇無百斛，蝗蟲撲面已三回。磨刀入谷追窮寇，灑涕循城拾棄孩。為郡鮮歡君莫嘆，猶勝塵土走章臺。

——〈次韻劉貢父李公擇見寄二首〉之二

每年都在跟蝗蟲搏命，還得拿刀追山谷裡頭的強盜，流淚撿拾路上被丟棄的嬰孩。還不只沒酒喝呢，密州是窮鄉僻壤、莽莽荒原上車馬替代了江南水鄉的舟船；如詩如畫的湖山美景也換成了單調的榛莽景觀。杭州肥美的鱸魚、翠綠的蔬菜、潔白的大米都忘了吧，從來沒有上過桌。連年蝗旱，莊稼、菜蔬全都無收，能夠果腹已經不錯，更別談什麼絲竹管絃、吟詩作對的閒情逸致了。

不過他最後說，其實也還好，物資雖然匱乏，總比待在暗藏危機的朝廷裡好。寧可處在這一片荒涼，也比看到一團烏煙瘴氣好。

在這裡做官，連官餉都變少了，因為食物極缺，蘇軾常常在沿城巡視時，摘取路邊野生的枸杞和菊花來充飢。於是他在密州寫了〈後杞菊賦〉自嘲，說他當官十九年了，家裡愈來愈窮，俸祿大不如從前，只好吃起枸杞和菊花來。

蘇軾一定以為自嘲不會惹禍。

不，還是不行。

此文後來被當成譏諷朝廷減削公使錢太甚，成為「烏臺詩案」千百罪證之一。

其實，枸杞這個零食，對蘇軾是有幫忙的。此時他不過四十歲，本來白髮已多，後來又黑了回來，氣色也不錯，而眼睛看不清的問題，似乎也因為枸杞的明目功能得到改善。

蘇軾在密州近三年，每天流汗流淚、馬不停蹄，就算很想念親弟弟，一次也沒見過。不像在杭州當太守的副手時，雖然公務繁忙，還有時間到處兜兜。已經快三年沒有見到弟弟了，雖然，蘇轍此時也在山東濟南做官，離他不是很遠。熙寧九年（1076）中秋節，蘇軾在和同事們一起喝酒賞月時，遙祝在濟南的弟弟中秋快樂，寫了人人傳唱的〈水調歌頭·丙辰中秋，歡飲達旦，大醉，作此篇，兼懷子由〉。

明月幾時有？把酒問青天。不知天上宮闕，今夕是何年。我欲乘風歸去，又恐瓊樓玉宇，高處不勝寒。起舞弄清影，何似在人間？

轉朱閣，低綺戶，照無眠。不應有恨，何事長向別時圓？

人有悲歡離合，月有陰晴圓缺，此事古難全。但願人長久，千里共嬋娟。

明月從什麼時候才開始出現的？蘇軾端起酒杯遙問蒼天：「不知道在天上的宮殿，今日又是何年何月？」他說，我想要乘著清風回到天上，又恐怕自己在那富麗堂皇的樓宇之中，受不住高聳九天的寒冷。翩翩起舞玩賞月下清影，此時光景又哪像是在人間。

月亮轉過朱紅色的樓閣，低低地掛在雕花的窗戶上，照著沒有睡意的我。它不該藏著什麼怨恨吧，為什麼總在人們離別時才變得渾圓呢？人世有悲歡離合，月也有陰晴圓缺的轉換，自古以來如此，難以周全。只希望你平安活著，即便相隔千里，也能共享美好的月光。

這闋詞常常被當成情歌唱。其實是蘇軾寫給弟弟的。

蘇軾的詞，有可以讓大漢擊節高歌的，也有極度溫柔婉約的，那都是他。他的才華足以跨越許多維度，不只有一種風格。不過，不管是哪一種風格，都有一種蘇軾化的流暢度。悲哀是有的，但總是能夠用最後那一筆轉回來；落魄是有的，但還是會終結以灑落；怨嗟是有的，但總還能淡淡看透那種莫可奈何。

蘇軾在密州當好官，人民感恩，但朝廷並不領情。章臺裡的長官們，沒有忘記他有枝好筆，不斷地在搜集他的證據。

為郡鮮歡君莫嘆，猶勝塵土走章臺。

他說此地雖然生活艱苦，卻比在朝廷中要強，其實沒有說錯。保守派全離開中央，蘇軾屢遭誣陷，已經是四面楚歌；王安石罷相之後，新黨諸人為爭權奪利，自己鬥了起來。宋神宗對於變法還沒有心死，他用王安石的手下韓絳、呂惠卿、曾布三個人共同執政。呂惠卿與曾布不和，先踢走了曾布，而韓絳沒有做事的魄力，大權落在呂惠卿手裡。呂惠卿一方面排擠韓絳，一方面又防著宋神宗將王安石再請出來，一直跟神宗說著已經辭官的恩人壞話。

果然，宋神宗最尊敬的還是王安石。王安石變法未成，沒遭反對派的構陷，卻遭身邊人暗算。

任用小人，自己遭殃，自古皆然。

呂惠卿是王安石變法實施過程中的重要支持者。最初看準了神宗心意，全力支持王安石，取得了王安石的極度信任。王安石極力推薦呂惠卿做助手，更把呂視為知己、好友，毫無防備。連王安石的政敵司馬光，看人眼光都比王安石雪亮，當年在朝中時曾說：「呂惠卿把王安石給愚弄了。在我看來，將來呂惠卿肯定是第一個站出來反對王安石的。」

司馬光在離開京城之前，還曾寫信告誡王安石一定要防備呂惠卿。

以王安石「拗相公」的脾性，他能聽進誰的話呢？此時司馬光還成為他硬邦邦的敵人哪。

王安石也曾令飽讀詩書的呂惠卿與其子王雱共同修撰《三經新義》，想必他也欣賞呂惠卿的經學才華。令他萬萬想不到的是，呂惠卿暗暗記下王安石所說過的犯忌的話。王安石給他寫的私信，呂更仔細挑出犯上之處，收錄成冊、祕密保存。呂惠卿會拿王安石手稿跟他說：「這先別給皇上知道。」然後直接拿給神宗看，希望能夠送王安石一個欺君之罪。

王安石罷相後，呂惠卿對神宗說：「王安石是我的恩人，但欺君之事關係重大，我不敢欺瞞，只好大義滅親。」

不過，神宗到底更信任王安石。神宗見到呂惠卿遞上的祕冊，並沒有大發雷霆，反而說那些只是小事情。

為了不讓王安石重回朝中取代自己的位子，呂惠卿先對王安石的弟弟王安國下手，搜集證據讓他貶官到外地去。

呂惠卿執掌大權之後，就開始算帳了，因鄭俠上書彈劾自己，將其流放汀州。次年，呂惠卿又再次利用鄭俠一案，將與自己結過怨的馮京與和鄭俠有相當情誼的王安國定罪流放，導致王安國死於流放途中。

之前說過，鄭俠冒著可能進監牢的危險，獻上〈流民圖〉。

也就是因為鄭俠的〈流民圖〉，讓神宗不經過王安石，自己下詔拯救開封流民之苦，王安石氣到辭職不幹了。聽說原本乾旱已久，忽然下起雨來，人們都歡呼慶賀著吉兆來。這種不怕死的反對者，留著一定會是自己的禍害，呂惠卿當政，先想辦法將鄭俠貶到汀州（福建武夷山附近），又覺得不夠遠，再貶英州（廣東中北部）。鄭俠命大（生卒年不可查考），後來還是和蘇軾一樣又回到朝廷。

除了鄭俠，這裡又多提到了兩個被呂惠卿陷害成功的人。王安國（1028–1074），王安石的親弟弟、曾鞏的妹婿。他性格正直，嫉惡如仇，進士及第。這一家子兄弟都很有個性，就算是親哥哥，做的事不對，王安國也要反對的。王安國也曾經大力反對王安石變法的種種舉措，並且不只一次提醒兄長要遠離呂惠卿；對於呂惠卿從來沒給好臉色看，呂惠卿因此與王安國結怨。他曾任武昌節度推官，了解民間疾苦，熙寧四年（1071）王安國任滿回京，宋神宗詢問他外頭對於新法有什麼真實反應，他說：「恨知人不明，聚斂太急耳！」意思是用的人不對，又太急於搜刮民間財富。後來回到朝廷，王安國當了崇文院校書這種「館職」的文官。呂惠卿當宰相時，王安國因為與鄭俠交好，因獻〈流民圖〉事被牽連，被呂惠卿除了官，要他遠離朝廷。他於熙寧七年（1074）八月過世，才四十七。英年早逝，死亡狀況不明，雖不能說與呂有直接原因，但把他推進死亡幽谷的那雙手，呂惠卿必也是主人。

馮京（1021–1094），官宦子弟。宋仁宗慶曆八年（1048）後，連中舉人、汴京會試貢士第一名，又成為殿試中進士第一名。這種連中三元的優等生，自古沒有幾個人。他先後娶了富弼兩個女兒，民間傳出「三魁天下儒，兩娶相門女」，以為佳話。富弼是呂惠卿眼中的保守黨大敵，馮京自然也是他的眼中釘。宋神宗時，馮京在朝為高官，和王安石常展開激烈辯論。王安石說他沒能力，馮京則認為王安石禍國殃民。他在王安國丟官那年，也被外派到離朝廷遙遠的地方去當地方官。

馮京連中三元，要考試誰都比不上他，但後世的人最熟悉的，還是「錯把馮京當馬涼」這句話。據說某考官在唱名時，把馮京的名字看成「馬涼」，連叫「馬涼」幾次都無人回答，後來才知道看錯，出了個洋相，一時傳為笑談。後來這句詞就用來形容人知識不足、亂說一通。

蘇軾和馮京也是好朋友，有一首詞是寫給被派任益州太守的馮京。〈何滿子・湖州作寄益州守馮當世〉：「見說岷峨悽愴，旋聞江漢澄清。但覺秋來歸夢好，西南自有長城。東府三人最少，西山八國初平。莫負花溪縱賞，何妨藥市微行。試問當壚人在否，空教是處聞名。唱著子淵新曲，應須分外含情。」

馮京命長，平安活到七十四歲。

王安國雖然與兄長王安石政見不同，可二人畢竟是同胞兄弟，王安國的離世，使得王安石對呂惠卿開始不滿，而呂惠卿為了鞏固自己的權勢，又處處防備著王安石重回中樞執政。熙寧五年（1072），和呂惠卿鬥得很累的韓絳，為了遏止呂惠卿勢力的逐漸膨脹，向宋神宗提出重新召回王安石的意見，這說中了宋神宗心事，皇帝欣然同意。

你說王安石辭官是無意於朝政嗎？當然不是。王安石接到神宗的祕召，七天內便從老家趕到了京城。呂惠卿想阻止也來不及了。

但王安石回鍋沒幾個月，王安石想要將兒子王雱升任龍圖閣直學士。有個慣例，要升官嘛，本來王雱應該在表面上推辭一下才合乎官場套路，但呂惠卿卻力勸宋神宗答應王雱的辭呈，王、呂兩個人的矛盾再度掀起。

從此事也可以看出，神宗表面倔強，本質上卻還是個耳根子軟的年輕皇帝。又過幾個月，王安石出手了。這下可不心慈手軟，將呂惠卿及其黨羽以「結黨誤國」、「貪汙受賄」等罪名，貶官外調。

可是王安石回鍋時間也很短暫。同年年底，王安石長子王雱猝死。《宋史》記載，熙寧九年，王雱曾指使人告發呂惠卿，然後被呂惠卿反咬一口，氣到「疽發背死」。王雱是最令王安石感到驕傲的兒子，從小被視為神童。長子之死，加上宋神宗對他的信任度已經不比從前，有時對他的意見會搖擺不定，王安石心灰意冷，又辭官還鄉了。

此時的朝堂鬥爭不關蘇軾的事，蘇軾在密州，每年仍然辛苦地和蝗蟲大作戰。一直到熙寧九年（1076）冬天，他任期已滿，在大風大雪中，被派任到徐州。

會寫詩的工程師

王安石在朝，蘇軾處處受阻。當王安石、呂惠卿都已經離開中央，蘇軾的日子會好過些嗎？

不然。得勢者並不希望已經離開中央的人回來爭權奪利。那些好不容易爬上來的人，把個人權勢看得比什麼都重要，最怕你鳳還巢。

大雪紛飛的熙寧九年（1076）十二月，蘇軾從密州調知河中府，還沒走到就任地點，又接到通知，改派到徐州當知州。這時讓蘇軾最高興的事，就是可以跟弟弟蘇轍在往徐州赴任的路上相聚。兩人一起到徐州，蘇轍在此與兄團聚了一百多天才離去。

第二年仲夏，黃河決堤。洪水肆無忌憚的蔓延，山東、江蘇等地都發生嚴重的河水氾濫。徐州也遭殃了。按照某民間傳說，蘇軾坐鎮城牆上，率領眾人將城牆加高，城基加厚。穿著短衣、草履，在城牆上過夜，希望能夠挽救徐州人民的生命財產。

洪水有多嚴重？城下洪水最深時近三十尺高，如果繼續上漲，後果不堪設想。這中間有個感動了河神的「蘇小妹」出現了。蘇小妹在民間有不少傳奇故事，事實上蘇軾從來沒有妹妹。有人考證，如果硬要說蘇軾有妹妹的話，蘇小妹是蘇洵在京師所認的義女史文美，後因其母改嫁高郵縣令徐仲謀，改姓徐，也就是蘇軾的義妹。

傳說在蘇軾知徐州時，文美為了逃避父母之命的婚約投奔義兄。大水圍城時，她每日送飯給城上的義兄。聽百姓傳說，河神要娶紅衣女子，洪水才會退去。眼看水勢到了秋天還很洶湧，她縱身跳入洪水。人不見了，送飯的籃子裡有個紅布在水上載浮載沉。數日之後，水退了，百姓在徐州城外的沙洲發現一塊紅布，這個沙洲後來一直被稱為顯紅島，以紀念她捨己救城。

這個故事當民間傳說聽就好。

真正的徐州城「蘇堤」，起源於是宋神宗元豐元年（1078）、大水發生第二年的春天，朝廷才核准了蘇軾築堤的請求，撥發錢糧，強化從戲馬臺至城的堤防，有建築天分的蘇軾，還在此東門之上蓋起一座可供遠眺的「黃樓」。蘇軾在工程建設上的效率有目共睹，夏天時黃樓就完工了，他請蘇轍寫了〈黃樓賦〉，蘇軾書寫，刻石為碑。

話說這碑命運多舛。沒多久，「烏臺詩案」來了，蘇軾在押，詩文遭禁。到了徽宗即位之初，大赦天下，黃樓詩碑日夜有人拓印收藏。蔡京當宰相時，又下令將蘇軾等所謂元祐黨人的雕版悉行焚毀，碑也不容存在。這黃樓賦碑被投到護城河裡去了，又過了好些年，元祐黨人不再被視為罪人之後，徐州太守苗某把這塊碑找出來，拓印了數千本。苗太守是個生意人，深知絕版比較貴的道理。印夠了，這位苗太守跟同事說：「其實有關蘇軾的禁令，還沒有正式廢除，這碑不能夠留下來！」要他的同事把碑碎了。卸任之後，姓苗的運了那些拓本到京城去，高價出售，大發利市。

後來這些複印本又被刻回石碑上。

蘇軾與水患一直有不解之緣，從在杭州當通判時與人民一起開鑿鹽運河開始，他常常研究築堤與防水的問題。

徐州的日子比密州好了些，景色並不那麼荒涼。蘇軾在這裡認識了一個很會享受生活的隱士，雲龍山人張天驥，此人原來在徐州東山的房舍被大水淹了，又在故居附近另外蓋了房子，房子最高處有個「放鶴亭」。早晨，山人將他畜養的兩隻鶴放到西山上自由自在飛翔，傍晚再召喚回來。看起來養鶴的方式和養鴿子還真的很像。蘇軾在〈放鶴亭記〉裡頭透露著他也想要隱居、好好地像山人一樣享受生活的心情，他說，那樣活肯定比做皇帝舒服吧。

除了嚮往閒雲野鶴，這裡也留下了一段後世無人不知的詞，〈永遇樂・彭城夜宿燕子樓，夢盼盼〉。此夢未必是真夢，但是想要寫一寫這個傳說中的佳人，想要抒發自己的心情，才是真。

明月如霜，好風如水，清景無限。曲港跳魚，圓荷瀉露，寂寞無人見。紞如三鼓，鏗然一葉，黯黯夢雲驚斷。夜茫茫、重尋無處，覺來小園行遍。

天涯倦客，山中歸路，望斷故園心眼。燕子樓空，佳人何在？空鎖樓中燕。古今如夢，何曾夢覺，但有舊歡新怨。異時對、黃樓夜景，為餘浩嘆。

好風好水的夜晚，寂寞心事無人明白。我現在這裡感嘆關盼盼，未來後人看著黃樓夜景，也會同樣為我感嘆。

為什麼人們喜歡蘇軾詞？不管他寫什麼，都深深地放入自己的真情，感嘆的是自己的命運。時間逝去得很快，像夢一般，不管怎樣都會過的，但人生是夢不醒的，凡人就有這麼多舊歡新怨。

燕子樓有個悲淒往事。關盼盼是唐代徐州名妓，善歌舞、工詩詞。徐州刺史張愔（?–807）非常喜歡她，納為妾，為她建了燕子樓。中唐之後已是藩鎮割據態勢，張愔的父親張建封雄霸一方，擁護德宗，為朝廷所重。昔時張建封入覲京師時，皇帝賜他與宰相同座而食，可見他的重要性。張建封去世後，張愔承襲了徐州刺史等職銜，仍然權傾一時。

關盼盼之死與蘇軾的偶像白居易有關。白居易的父親在徐州當過官，和張氏家族有交情。白居易小時候也住過徐州，曾經在張愔的家宴中見過關盼盼。張愔過世後，妻妾盡散，只有盼盼獨居燕子樓懷念他。本來關盼盼打算在此守節終老，但某日張家的舊部下轉傳了白居易的一首詩給她：「黃金不惜買娥眉，揀得如花四五枚；歌舞教成心力盡，一朝身去不相隨。」旁人看來也許沒有太大意思，只說得是張太守妻妾這麼多，人走了，如花美眷帶不走。關盼盼看了，卻覺得此詩是大詩人勸自己為夫殉情，十幾天不吃飯，絕食而死，留下「兒童不識沖天物，漫把青泥汙雪毫」一句回敬白居易。

白居易聽說自己成為間接凶手，十分內疚，後來讓人把關盼盼遺體安葬在張愔墓之側，關盼盼過世時約三十五歲，在張愔過世十四年後。而張愔生年不詳，應該比她大上許多。

很可惜，女詩人關盼盼的詩都沒有留傳至今。從這個故事也可以看得出來，關盼盼是個烈性女子。明明只是一個誤會，斷送一條命。張愔之妾也不只她一個，她已經是唯一留下來，沒想改嫁的那一個了。

蘇軾在徐州也待了將近二年多。他真的很愛寫，就算在抗洪最緊張的時期，也還是以詩記事，創作豐富。

宋神宗元豐二年（1079）春天，蘇軾又被調任湖州太守。他離開徐州時，依依不捨地寫了一首〈江城子・別徐州〉，感嘆：「天涯流落思無窮，既相逢，卻匆匆。」雖然不喜歡離別，但也習慣了到處當官的移居生活。他在湖州上任後按例寫給皇帝的謝表，說了「知其愚不適時，難以追陪新進；察其老不生事，或能牧養小民。」自認為被諷刺到的「新進」戰將們，開始搜羅他詩文中的罪狀。

然後，就是那個讓一代才子受盡屈辱的「烏臺詩案」了。

就讓我們回到蘇軾的黃州生涯。好不容易出了獄，與家人團聚，仍然是一個罪官；沒啥事可做，也沒啥錢可生活，於是弄了五十畝地，東種西種，以圖溫飽。蘇軾儘量讓自己晴耕雨讀、入境隨俗，能過一日是一日。

四十六歲，在東坡耕種，號東坡居士，所以，我們有了蘇東坡。

黃州的日子，自耕自食比拿朝廷俸祿如意，這也是蘇東坡體會到的。這期間的名作，以〈定風波〉為代表。詞前自述：「三月七日，沙湖道中遇雨。雨具先去，同行皆狼狽，余獨不覺，已而遂晴，故作此詞。」

莫聽穿林打葉聲，何妨吟嘯且徐行。竹杖芒鞋輕勝馬，誰怕？

一蓑煙雨任平生。

料峭春風吹酒醒，微冷，山頭斜照卻相迎。回首向來蕭瑟處，歸去！

也無風雨也無晴。

風也好，雨也好，都是他習慣的，影響不了心境了。現在回頭看人生遭遇的種種不平事，其實也不算什麼，一切都可以歸於平淡。

在黃州有了可棲之屋的蘇東坡，過著平凡人的日子。宋神宗元豐六年（1083）四十八歲那一年，二十一歲的朝雲為他生了蘇遁。蘇東坡寫了一首洗兒詩：

人皆養子望聰明，我被聰明誤一生。

惟願孩兒愚且魯，無災無難到公卿。

雖然經過了文字獄的折騰，還是個被流放的罪官，還真的沒有什麼忌憚，此詩到底是祝福，還是諷刺？誰都讀得出來他的意有所指。

蘇軾、蘇轍名字用的部首，是車字邊，他們下一代，是「辵」（辶）字邊，蘇東坡把這個孩子命名為「遯」，也寄託了隱居之意。可惜這個孩子，並沒有「無災無難到公卿」。

這是在官場歷經貶謫，有大才、大志卻難以施展的老父親的微薄心願。可惜的是，蘇遯未能如蘇東坡所願「無災無難到公卿」。這孩子出生後不久，蘇東坡的命運卻有奇蹟似的轉變。神宗想念起了蘇東坡，親下手札將蘇東坡移到汝州當副團練使，這是起用他的前奏。不過，壞消息是原來好不容易耕耘的五十畝農場，還有蘇東坡蓋的雪堂，又會因他離去而荒蕪。這期間他遊了廬山，那首〈題西林壁詩〉：「橫看成嶺側成峰，遠近高低各不同。不識廬山真面目，只緣身在此山中。」就是在此行中寫就。

然後，他到高安拜訪了弟弟一家。蘇轍被貶到高安當管鹽酒稅的小吏，簡直等於是市場總管，日日操勞。蘇轍的孩子多，有三男六女。離別這麼久，連當時最小的兒子都已經長成少年了。蘇東坡寫了首詩給蘇轍十六歲的長子蘇遲：

兩翁歸隱非難事，惟要傳家好兒子。憶昔汝翁如汝長，筆頭一落三千字。

世人聞此皆大笑，慎勿生兒兩翁似。不知樗櫟薦明堂，何似鹽車壓千里。

——〈別子由三首兼別遲〉其三

還是自嘲加諷刺。意思是：我們兩個要歸隱並不難，只要有好兒子可以傳家。我記得你們的爸爸像你們這麼大的時候，隨便一寫就是三千字，不過這事說來大家可能都會大笑，叫大家不要生到像我們這兩個老頭一樣的兒子。你看，那些爛木頭都在朝堂上，比你爸爸在千里外被鹽車壓扁了強。

你也許會默默為蘇軾擔心了。這詩流出去了還得了！如果給朝堂上那些討厭蘇東坡的人看了，又要恨得牙癢癢的，不知又要興什麼文字獄？

他還到江寧看了王安石。此時兩人皆在野，雖然之前有許多過節，但相見時就是「也無風雨也無晴」了。

王安石穿著便裝，騎一頭小毛驢，慢慢朝蘇東坡走來的時候，只像是一個平凡的孤獨老人。乘船而來的蘇東坡，也穿著平民的衣服，對王安石長揖而禮：「軾敢以野服拜見大丞相！」

大丞相，此時只是尊稱。

王安石則拱手而笑，用了竹林七賢的阮籍所說的話：「禮豈為我輩所設耶？」。

他在江寧的日子裡，蘇東坡深深感受到這位昔日不可一世的才子已有很大變化，據宋人筆記，蘇軾與王安石談論起朝廷的是是非非。過去一向理直氣壯的王安石，不無憂慮地再三叮囑他說：「今天這些話出自我口，入於你耳，千萬不可對他人提起。」顯然王安石下野之後，也深怕被迫害了。這實在不是在皇帝跟前堅決聲稱「祖宗不足法、天命不足畏、人言不足恤」的王安石！

不過，這個記載是不可信的。既然王安石說只有你知我知，以此二人重然諾的個性，為什麼會被其他文人寫了去？也必是推測而已。

對於這一段看似兩派大合解的相會，後人都企圖推測其中細節。只知兩人見面，以詩唱和，像朋友似的。蘇東坡有一首〈次荊公韻四絕〉是這麼寫的：「騎驢渺渺入荒陂，想見先生未病時。勸我試求三畝宅，從公已覺十年遲。」可見晚年的王安石，滿面病容，騎著小毛驢默默行走在荒野中，很難想像他當年雷厲風行的姿容。王安石和他談論的是什麼呢？是勸他買幾畝田地安家嗎？蘇東坡也深有同感，心想：我們如果能夠早十年比鄰而居，該有多好？

雖然王安石的確擋過蘇轍的官路，也曾經批評蘇軾學問不正（這只比說人邪魔歪道好一點），但他的確並不是真的不喜歡蘇軾這個人。蘇軾也曾經批評過王安石的《字說》中胡說八道的地方，對於新政的多數措施也厭惡已極，卻也沒有看扁王安石的才華。只可惜十年前，因為政見對立，不但朋友很難做，連微笑打招呼都很難。

也有個不太可靠的浪漫故事在明人馮夢龍《警世通言．王安石三難蘇學士》中出現。其中寫了兩人對於菊花的爭辯。他說王安石曾經寫過一首〈殘菊〉詩：「西風昨夜過園林，吹落黃花滿地金。」蘇東坡覺得王安石沒好好觀察菊花，菊花只會在枝頭上枯萎，文言一點叫做抱香枝頭死，怎麼可能「吹落黃花滿地金」了。於是批了兩句，說：「秋花不比春花落，說與詩人仔細吟」來糾正王安石。

王安石為自己分辯道：「是你才沒好好讀書！屈原《離騷》中就有『夕餐秋菊之落英！』的句子，菊花不僅會落，而且還可以吃！」

後來，蘇軾被貶至黃州，到了秋天，他賞菊時忽然看見菊花花瓣紛紛飄落，滿地鋪金，不禁想起自己對王安石的批評，這才知道世間竟然也有落瓣的菊花。

馮夢龍的故事固然也胡拼亂湊了王安石和蘇軾的舊日友誼。它描寫的景況是「蘇東坡訪王丞相不遇，信步走到丞相的書房，幫王安石接續他未寫完的詩」。這種沒禮貌的行為，古今都不可能發生，再說王安石實行新法時實在不可能和蘇軾有什麼友情。

其實這兩人的江寧聚首、盡棄前嫌，蘇東坡的肚量要更大些。蘇軾「烏臺詩案」，想害死他的都是王安石舊日僚屬；而王安石罷相，可與蘇軾無關。

這一行，和很多朋友碰了面。然而蘇東坡的旅程卻籠罩了沉重的陰影：幼子蘇遯就是在這趟旅程中不幸夭折的。這段行程堪稱蘇東坡仕途的「死而復生」之返，搭的都是船，夏日船上非常炎熱，家人們先後病倒。王閏之病了、蘇東坡也病了，不到一歲的兒子蘇遯更承受不住，在船上過世。

朝雲眼淚流盡，可是，喚不回自己的孩子。別人勸她，她那麼年輕，還有希望，她仍然忍不住悲傷。孩子的離去澆熄了一個還在哺乳中的母親的所有希望。

對蘇東坡而言，老來得子，且得於災難之中，為顛簸人生帶來一絲歡慶。正在襁褓中的孩子，白胖可愛，卻在旅程中走了。

連這麼小的生命都沒留住。所謂無常，蘇東坡體會得更加深入。生命中的歷練很多，苦痛相當深刻，歡愉卻很短暫，他未來決心要退隱。有了黃州經驗，他認為自己或許也能當個老農，陪著他的家人好好過日子，不要回鍋官場中折騰了。

如果他辭官成功，回歸田園，當一個鄉紳，或許文學史上又多了一個「宋朝的陶淵明」。

等了很久，幾經折騰，買田宅的申請終於獲准了。蘇東坡心情安定了下來，不過朝廷的決定改變得比他想像中還快……

⊙〈宋蘇軾書歸去來辭〉，蘇軾自感與陶淵明處境感受相近，對《歸去來兮辭》尤其鍾情。（臺北國立故宮博物院藏）

一直被升官的大學士

蘇軾是什麼時候想要隱退的？

早在「烏臺詩案」之前。

元豐二年（1079），蘇軾四十四歲，蘇軾有〈南歌子·再用前韻〉一詞。

> 帶酒衝山雨，和衣睡晚晴。不知鐘鼓報天明。夢裡栩然蝴蝶、一身輕。
> 老去才都盡，歸來計未成。求田問舍笑豪英。自愛湖邊沙路、免泥行。

這首詞寫得瀟灑，卻帶著誰都讀得出來的無奈。表面上的酬贈之詩，實則描寫著自己的生涯規劃。

四十四歲，仍稱壯年，蘇軾常說自己「老」了，調侃自己沒才華了。雖然文名滿天下，但仕途並沒有太大建樹，歷任地方官，常常遇到無法解決的民間疾苦。朝廷為了財政問題執行新法，百姓看到的卻是苛政猛於虎，而他的大膽直言又將自己陷於流沙與泥坑，內心屢屢有不如歸去的感慨。

經過了謫居四年多的黃州自耕農生涯，忽然被免除罪官身分後，他見到王安石，王安石也勸他買田、買地好生活，別在朝廷待著了。王安石在權力飽滿的時候，經歷喪子之痛，心灰意冷離開朝廷；蘇東坡在這一趟離開黃州的旅行之中，也失去了自己的幼子，無常感日日揮之不去。

這一趟旅程，蘇東坡還拜訪了恩師張方平。從他少年時期，張方平就看好他的才華，在「烏臺詩案」時，不怕事的張方平也上書營救兩兄弟。此時七十九歲的張方平在南都養老，雙目幾乎失明，蘇東坡舉家在他那裡住了兩個月，過了一段比較舒適的日子。

既已除罪，蘇東坡本不想再當官了。朝廷要他去汝州，他還真的不想到北方去，上表請願，希望能到常州居住，也積極在宜興一地買田，想要和家人們過著耕食生活。為了買田退隱，他還請人想辦法賣掉京城中原來住的房子。

人生沒有絕對的好消息，也沒有絕對的壞消息。樂極生悲、悲極又生樂，低谷後忽至高峰，高峰後又立刻滑入更低的山谷，蘇東坡的人生遇到過許多起落。

朝廷先曲曲折折地准了讓他居住常州，被允許住常州的蘇東坡欣喜若狂。黃州務農，養羊、養牛，讓他認為自己下半輩子當個農夫沒有問題，如果能夠到風光優美的宜興當農夫，他更能圓夢。他寫了一首詩描繪自己的未來人生：

此生已覺都無事，今歲仍逢大有年。山寺歸來聞好語，野花啼鳥亦欣然。

這是高興到感覺整個大自然都在為他歡頌的地步了。

為什麼是常州，而不是回蜀？那是與他同年登上進士的蔣之奇的故鄉，蔣之奇老是跟他說，宜興有多美，泉水有多甘甜，米有多好吃。蘇軾在熙寧六年（1073）當杭州通判時，因出公差曾到常州宜興一帶去，一到那兒，他就覺得眼前開闊，所以宜興成為他想像中最好的地方。

他有首詩這麼寫著自己的嚮往：

惠泉山下土如濡，陽羨溪頭米勝珠。賣劍買牛吾欲老，殺雞為黍子來無？

宜興是江南氣候溫和之地，土肥米美，蘇東坡真的不想再過讓家人擔心受怕的日子了。

但時局變化得很快，神宗病逝，太子即位（哲宗），祖母太皇太后高氏臨朝聽政。太皇太后想到了在外飄零許久的蘇東坡，要他回來中央復官。蘇東坡隱居不成，仕途忽然大放光亮，這……到底是個好消息，還是壞消息？

先是復官朝奉郎。八月，封他當登州知州；才到任了五天，又改為禮部員外郎，要他回朝中去。十二月，再改為起居舍人，作為記載皇帝言行與國家大事的史官。宋代規定曾被朝廷處罰的罪官，若要重新啟用，也要一步一階循序漸進，才能漸漸恢復正式官職。

宣仁太后是英宗皇后，嚮往她公公仁宗那時天下太平、寬厚平和的朝廷風氣。她一向不認為兒子神宗皇帝用王安石和呂惠卿是對的，何況神宗過世之前，和西夏打過一場無端挑起的戰爭，大批軍士陣亡。軍事失敗加上政治的烏煙瘴氣，如果不歸責於新黨諸人，要歸給誰？在罷黜新黨官員前，要先有班底。她召來了當初反對新法者回京，其中最重要的是「保守派」棟梁司馬光。

早在熙寧三年（1070），司馬光因為和王安石不和，乾脆不問政事、閉門不出，在洛陽與一群學者編輯《資治通鑑》，元豐二年（1079）的「烏臺詩案」，將蘇軾入獄的御史們原也想要把保守派司馬光等元老重臣全扯進去。蘇軾被謫貶，司馬光、張方平等人也受到「罰銅」的懲處。司馬光回朝，受到百姓夾道歡迎。司馬光入朝時，新黨的章惇和蔡確還在相位上。冷眼看著司馬光先廢止神宗時期實施的「保甲法」、「保馬法」、「市易法」……然後是「青苗法」。

蔡確先被免權，當地方官去了。司馬光在上奏廢除免役法時，曾與章惇發生爭執。章惇認為不可廢，上書幾千言，在宣仁太后簾前，還對司馬光大聲咆哮，因為態度不佳，惹得宣仁太后也生氣了。後來章惇因為「佻薄險悍，諂事王安石，以邊事欺罔朝廷（神宗時發動西夏戰爭的失敗）再附呂惠卿……」的理由被貶出京。於是司馬光正式為相，呂公著為尚書左丞。

宋哲宗元祐元年（1086），蘇東坡五十一歲，入仕二十五年，才以七品官再度入朝。蘇東坡也才脫離了九品官的勞務瑣碎。

司馬光主張全面廢除新政。到了罷廢「免役法」時，朝中有了不同意見。當過地方官、並非為了反對而反對的大臣，都認為傳統「差役法」弊病不少，而「免役法」實行十幾年了，人民已經習慣，不一定要全部推翻。范仲淹之子范純仁曾經勸過司馬光，要他仔細考慮，不要因為一味想要廢除新法而廢止「免役法」，否則又造成人民的不便。司馬光的頑固，比王安石差不了太多。他決定的事，也是不容說服的。

十多年前，蘇軾在「免役法」實施之時也曾經堅決反對過，但在他當過地方官之後，還是發現了王安石「免役法」的好處。過去的「差役法」，會造成官吏可以抓人民服官役的狀況，人民不懂官府的規矩，常因官府有權「捉伕」而在無意間犯法，重者家破人亡。「免役法」則符合「有錢出錢、有力出力」原則，如果有錢人家不想服役，就可以出錢請人代為服役。如此，富者得免役、貧者得財。蘇東坡認為只要將免役之中官府濫加名目的苛捐雜稅改革掉就好了，不需要完全廢除。

蘇東坡忍不住去勸司馬光。司馬光沒接受，還相當不高興。這一次與司馬光爭辯之後，蘇東坡心裡很氣惱，覺得司馬光怎麼這麼不聽人話，於是回到家裡，還一邊罵著：「司馬牛！司馬牛！」

只要有人當權，就有人來附和。蘇東坡之前得罪的是新黨，現在得罪的還有司馬光門下諸書生。

蘇東坡此時擔任的「中書舍人」一官，中書舍人是宰相的屬官，職責除了幫皇帝寫詔書，還有軍事、財經之外的政事審核權。本來想當日出而作的宜興農夫，現在卻成了寫詔書寫到半夜才能睡的筆匠。他曾對朋友抱怨，職事如麻，每天半夜才能休息，五更又要早起，連自己的空閒時間都沒有了。

之後蘇東坡又成為臺諫官，彈劾新黨蔡確、韓縝、張璪、李清臣、安燾等人。對於呂惠卿之罪，更洋洋灑灑寫了〈乞誅竄前參加政事呂惠卿〉一狀。呂惠卿本已離了朝廷，住在蘇州，有官位、無實權，多數大臣認為處分太輕。呂惠卿後來又被降了官，移到建州（福建，呂惠卿故鄉）居住。當時在「烏臺詩案」陷害蘇軾的主謀李定，也因為蘇東坡的參奏，從揚州再遷到更遠的滁州居住。蘇東坡此舉是否為自己或王安石出氣？不能說沒有此意。這個工作讓他可以大鳴大放，但無意間也為自己的未來埋下了地雷。他沒想到：如果有一天，新黨又再度崛起了呢？

保守派在宣仁太后時十分得勢，卻也種下禍因。小皇帝總是會長大的，而年輕皇帝總是不愛老氣橫秋的保守派。

保守派只盯著太后看，小皇帝在漸漸長大的過程中，從沒有覺得大臣重視過他。有一位大臣蘇頌曾經提醒大臣們注意態度問題，不要把一旁的小皇帝當空氣，大臣們並沒有在意。

這個提醒後來應驗了。後來的哲宗，憶及太后垂簾聽政時的事情，直言：「我只看見臀背。」這種對眾「老人家」的憤怒，是長期的被忽略積累而來的。對祖母發洩不了憤怒的少年，在多年以後，來個怨氣總動員了。

一代政敵王安石和司馬光，都在元祐元年走完人生最後路程。王安石過世時，司馬光已病重。司馬光病中還給了王安石一個正反面都有的評價：「介甫文章節義，過人處甚多，但性不曉事而喜遂非，致忠直疏遠，讒佞輻輳，敗壞百度，以至於此。」肯定了他的人格與文章，把問題怪在他的情商與識人不明上。司馬光在此時仍留著君子的風度，急急給呂公著寫信，請他主持公道，不要讓人詆毀這位國之大老。蘇軾代為撰寫詔書，也多用褒詞，使得王安石仍留有身後美名。

元祐元年，是蘇東坡的升官年，或許是宣仁太后太喜歡蘇東坡了。這一年，從七品官入朝的蘇東坡，到了仲夏時成為翰林學士，這可是三品高官。他沒多久前還在黃州種田，應該想不到自己還會有青雲直上的一天。升官升得太快，是個大麻煩。蘇東坡常直言無諱，得罪的不只是新黨諸人，他也得罪了同屬保守派的人。

新黨既去，保守派大鬥爭。元祐初年，朝政大臣分成三派，地域之見很深：程頤、朱光庭、賈易等人被稱為「洛黨」；蘇東坡、呂陶、秦觀等人便是「川黨」或稱「蜀黨」；而司馬光弟子多是北方人：劉摯、傅堯俞、梁燾、王巖叟等人則為「朔黨」。

又是考題出了問題。在某次試館職的考試，程頤弟子，與蘇東坡同年登進士第的朝臣朱光庭把蘇東坡的試題取了兩段出來，彈劾他在譏毀仁宗、神宗兩個皇帝。太皇太后看了，不認為蘇東坡思想有問題，將他免罪。

細看那兩段文字，當真看不出哪裡有指責仁宗、神宗皇帝的意思。

為蘇東坡辯護的呂陶也上奏了，說朱光庭是公報私仇，因為蘇東坡以前常常嘲笑程頤，學生想要為老師掙面子，所以公報私仇。

蘇東坡雖然沒事，但司馬光的門生「朔黨」也因此趁機追殺。這兩人是御史中丞傅堯俞和侍御史王巖叟。他們在太皇太后面前，雄辯滔滔指責蘇東坡，惹得本來想要調停的太后十分不悅，問他們難道是朱光庭同一黨的嗎？於是，兩人一起丟了烏紗帽。

這件事後來因宰相呂公著打圓場，諸官才復原職。

第二年，太皇太后要蘇東坡兼任皇帝的老師。蘇東坡很高興地接受這個使命。人治時代，君主的教養非常重要，蘇東坡認為這個工作很適合他。

蘇東坡沒有想到，帝王之師可是一個非常危險的差事。

哲宗之前的老師是程頤。程頤是個愛說道理的老夫子，以一介布衣，受到太皇太后的欣賞，成為翰林學士和皇帝侍講。這位知名的理學家可以說是哲宗童年陰影的首要創造者。哲宗不過十歲，還是個孩子。有一次，程頤聽說哲宗在宮裡行走，會刻意避開螞蟻、不願踩踏，於是他便來個機會教育：願陛下將這份仁心推及於四海……說教說了很久；另一次，等老師好不容易講完課，哲宗走到門檻邊想折一根柳枝來玩，程頤便教訓他說：「春天天地萬物生長，你去折枝，是傷了天地的和氣！」

可以想見，連折一根柳枝都要被說教，這皇帝的童年好悶、好難過。程頤不苟言笑，以嚴厲出名，什麼都要遵照古禮，小皇帝動不動就會被批評和規勸，一肚子悶氣可想而知，連同樣屬道貌岸然的司馬光都曾經批評程頤：「以前的人不喜歡親近儒生，就是因為有他這樣的人。」

偏偏這個小皇帝又是個發誓長大之後要來報復老師的……這是多年以後的事了。

哲宗的這兩個老師，個性不同，在朝中不合，發生過很多小齟齬。蘇東坡自己曾說，「臣素疾程某之奸，未嘗假以辭色。」……看不起我的老師，就是看不起我！這是為什麼程頤的門生朱光庭，那麼討厭蘇軾的原因了。

蘇東坡看似鯉躍龍門，一年之間扶搖直上，榮寵在於一身，卻也埋下禍根。

蘇東坡在朝中待了三年多，太皇太后愈信任他，群臣們對他的攻擊就愈是無休無止，不管蘇東坡寫了什麼，都會有人上奏找他麻煩。保守派內鬨不斷，他得罪了洛黨，也得罪了朔黨。想動他的人，動不動就加了個誹謗先帝的帽子，想要彈劾他文字罪狀的狀子，滿櫃子都是。毀謗皇上的指責，似乎是蘇東坡一輩子逃不了的詛咒。「我離開朝廷，外放去當地方官，總可以吧？」元祐四年，他又累又倦，不斷請求外放。太皇太后終於允許他以龍圖閣大學士之名到杭州當知州。

這個恩准，正中蘇東坡心意。蘇東坡真心喜歡杭州的江南水秀。

還西湖一方清淨

自請外放，為了杜絕耳邊囂囂不絕的叫罵聲，為了躲掉不斷飛來的流矢與暗器。這是一種暫時安靜的方法，但真的是一種好方法嗎？

政治是一條不歸路，能夠急流勇退、安然無恙者少之又少。曾經進入權力中央的大臣，除了告老還鄉或回鄉養病之外，只有兩種方式可以離開中央。

一種是申請外調，不在核心裡頭爭食人人都想吃的權勢美肉。看來瀟灑又優雅，但是當你在外頭當地方官流汗時，朝裡頭那些人，為了怕你再回來，攻擊絕對也不會少。而且，他近你遠，你不知道被攻擊，也無法及時自白。

蘇軾在「烏臺詩案」謫居黃州，面臨的就是朝中諸臣不想讓他活著回來的問題。蘇軾當時從杭州通判做起，這次隔了十五年多，又外調成為杭州太守。此時如果不找他麻煩，這轉啊轉的，不就可能又會轉回朝廷嗎？不，不能讓蘇大炮回來！討厭他的人是這麼想的。

「烏臺詩案」出於構陷，構陷者近，他遠。如果臣子們天天在皇帝面前，說他寫什麼都在毀謗皇帝，說一次你不相信，說一千次你能不動搖啊？

古有明訓，說三次，連孝子曾參的母親都認為兒子可能真的殺了人。

謠言天天吹起耳邊風，自古以來不知吹掉了多少忠心耿耿的大臣與將軍的性命。當年蘇軾被那些從朝廷派來的小吏綁著遊大街之前，也是堂堂一太守啊，他的治蹟，人民沒少稱讚過。宋代號稱是最尊敬文臣的時代了，有所謂不殺士大夫的祖宗之法，但真的寬仁為尚嗎？

古代文人出路很少，機會有時候也來得很巧。一篇策論正中君主下懷，於是成為人中之龍，然後……伴君如伴虎。權力之梯，能者不得不往上爬，離君主愈來愈近。君主有明君、昏君與暴君，明君只占百分之十——我可能還是高估了。

當你爬到梯子的最高一階，厭倦時，能找到下坡路的人極少。下坡路常是一道門，那道門打開後，你只會看到萬丈深淵。

用這個簡單的道理來理解武則天，就略略知道為什麼她敢挑戰帝位，儘管她之前根本沒有任何女人成功過，之後也沒有——簡單地說，也是因為她沒有下坡路走，不是打開門跳進懸崖，就是為自己找另外一座梯子來爬。

我扯遠了。

離開皇帝身邊，除了死，還有一種最糟的方式叫流放。

多少流放在外的朝臣，從此再沒有回來？流放之地，往往愈放愈遠，甚至在外地遇到豪強惡霸，被暗殺了，草草了事，誰為你申冤？

蘇東坡在朝中，從來不怕得罪人。他一直有著理直氣壯的風範，也不賣弄心機搞別人，更不曾翻臉如翻書：朋友變敵人。以士人來說，坦蕩磊落，但以做官來說，他的處境怎麼可能不危險呢？

文人念的都是聖賢書，學的是仁義道德。不過拿筆害人、扣別人帽子的文人，哪一代沒有、又哪一年沒有？

在朝廷待了三年多，蘇東坡風光到杭州任知州。太皇太后賜他衣一套、馬一匹、金鍍銀鞍轡一副、金腰帶一條。這在當代，是封疆大臣才能得到的賞賜。

這時有位朝廷行政官員叫趙君錫，見到太皇太后如此厚待蘇軾，將來說不定又會把他叫回來拜相也不一定，所以上了篇奏摺，說朝廷不能沒有蘇東坡，應該把他留在朝廷。蘇東坡十分感動，以為大家都在罵他，只有這位姓趙的懂他，把他當成朋友，不過後來……後事如何，下回分解。將來我們還會說到這位小人。

這次去杭州當知州，又有人勸蘇東坡別作詩了。大老文彥博勸他：「你要小心，詩少作些，不然又有人毀謗你，別忘了我的話。」

一個最尊重文人的時代，竟也是一個連寫詩都會被流放的時代，詩人的本意如何不重要，問題在於別人用什麼居心在看你的詩。

離上次到杭州已近七年，當地百姓素來知道蘇東坡是好官，歡欣鼓舞迎接他。數年前他下獄時，杭州百姓還為他設了祈福解厄道場，到此時還留著。事實上，他謫居黃州不太有吃食時，杭州的老朋友們還會派人遠探，帶上土產，像什麼晒乾的荔枝、紅螺醬，還有西庵茶去看他，讓他感受到溫暖。

但杭州可不只是美麗的煙雨江南，還有不少艱辛的工作等著他。他來之前的春天，雨下個沒完沒了，稻田淹水，第一期早稻作沒法插秧，這意味著第二年肯定缺糧；到了五、六月水退之後開始插秧，又碰上旱災。怎樣及時找到救命水，是另外一個問題。

蘇東坡做事很有條理。要求朝廷減收稅賦，等來年豐收時再償還，採取一些平衡物價的措施，先把糧價壓下來。

諸多雜事等著蘇東坡解決，他在這裡又成為水利工程師，調了士兵整修河道、浚河通航，以防西湖氾濫成災。為了城內的人的日常水源，也進行了西湖的導流工程。

其實沒足夠公款，於是他請求朝廷賜「度牒」來補財務短缺。他也明白中央財政困難。

所謂度牒，就是出家人的許可證。想出家當和尚，可不是剔了頭髮、誠心修行，或有師父要收你就可以，你要買一份出家許可，而這許可由中央專賣；也就是當和尚的人愈多，朝廷賺的錢就愈豐厚，壓根是無本生意。宋時政府出賣度牒，竟然可以占中央財政收入的十分之一強。度牒價錢各地也有差異，出家風俗盛的地方就貴些，有些地方甚至要花一百石米。

財務資源和出家人數，在宋代的統計學上屬於顯著正相關。

那百姓買度牒做什麼？目的可不一定是誠心想要去寺裡靈修的。

和尚可以不服兵役和勞役，也不用繳納苛捐雜稅，寺院田產不用賦稅……所以，萬一你家土地太多，那一定要買張度牒，看看是不是可以省點稅。

然而，對朝廷來說，這個替自己添油香的方法有它的矛盾處：度牒賣得愈多，稅就收得愈少。

又是要一塊給五毛，剛開始發給杭州的度牒少得可憐，經過蘇東坡力爭，折騰幾個月，杭州終於分到了一百多張度牒，蘇軾才有了修水道的經費。

蘇東坡在杭州，為了人民安樂，也著力於清除魚肉鄉民的惡霸。但是惡霸也有勢力。他曾將一個犯罪世家顏家父子在臉上刺青後發配到邊地去。此舉在當時逾越了知州可行法令，他判了案後才自己向朝廷請罪。

要知道蘇東坡在朝中，最會為得罪御史們，一群人為此事炒翻天，說他違法、應該革職。後來，這兩個惡霸也被朝廷下令放了。太皇太后親自下旨免了蘇東坡的罪，但御史們把惡霸放了的舉動，是免了惡徒的罪，也是對地方官的不信任。蘇東坡很無奈。

身為地方官，他對於欺負人民的惡霸，嚴加懲治。對於小事，他又很寬厚。民間有段東坡畫扇的佳話，若是真的，就是蘇太守以文創做慈善的開端：有個做扇子的商人，因為欠了人家兩萬錢沒還，被告到衙門。原來是因為連季陰雨，扇子賣不出去，所以還不了錢。蘇東坡靈機一動，發揮了特長，要他拿二十柄白團扇來，並在扇面上題字、作畫……扇子一把千文，賣出一空，製扇人立刻解決了債務問題。

或許，蘇東坡該意會到，他的字、畫或許比度牒管用？也許蘇太守只要在房內作畫個幾天，治水的錢也可以籌得大半，不用曠日廢時的跟朝廷一直上奏書？

東坡不只有詩文之才，他的字與畫別創一格，在當世已是珍品。如果當時商業能容文人的文創事業，或者能讓東坡斜槓開餐廳，那麼太守中年之後，就不必與窮神為伍。

當然，這些都只是我以今推古的無聊提醒。

蘇東坡第二次到杭州，成為一州之長，得以有權柄做更多的事。

當時杭州是江南水路要道，並不是今日這般的繁華城市。杭州成為首善之區，是南宋以後的事情了。南宋不得不定都江南，不得不「錯把杭州當汴州」。

當時杭州是水陸交通之要道，各方舟船密集，各地的瘟疫都可能帶到這裡。蘇東坡開創了「病坊」，讓百姓可以求醫，醫生由通醫藥的僧人主持；又自己製造了「聖散子」這種「無所不治」的藥，發給眾人。雖然現代人肯定不相信世上有什麼無所不治的，但傳說當時也救治了許多人。他說這藥方得自於他家鄉眉州，是他苦求而來的祕方，如今公開祕方，讓眾人得治。

蘇東坡也以錢塘六井的建設，解決了人民飲水的問題。六井的淡水源自於西湖，所以一定要使西湖無枯竭之虞，西湖之前被定為皇家放生池，後來因為沒人管，雜草叢生、泥沙淤積，一點正面作用也沒有。蘇東坡為民興利，在元祐四年，又向朝廷要度牒來充經費，清除雜草，募民工來築堤。他自己也努力監工，常常沒空回家吃飯，和民工們一起吃食。在杭州的地方官如劉季孫、蘇堅、許敦仁也盡心盡力協助。

蘇東坡築堤，除了為百姓謀淨水之外，還有特別的使命感。蘇東坡最景仰白居易，白居易也曾在西湖為官，浚治西湖，修築原有的堤坊，杭人名之曰「白堤」。到了蘇東坡時，西湖水源出現荒廢狀況，東坡修堤進行了四個多月。從南屏到曲院，堤上有六座橋梁，兩岸種植了芙蓉（後來才改成桃花）和楊柳，創造了西湖最美麗的景觀。蘇東坡離開杭州之後，這座本來無名的堤防，被命名為「蘇公堤」。宋朝有不少人修過堤坊，據史所載，以六塔河、二股河的修築而言，曾經動用過數十萬民夫，溺死多人還沒有修成。東坡修堤，只用了四個月，實在不是一件容易的事情。

因為蘇堤，如今到西湖，可以緬懷蘇東坡，可以眼見他當時所見的大致風景。如果沒有總是被投訴，或上奏常被置之不理，蘇東坡可以完成更多想做的事。他是懂得民間疾苦的能臣，不是一個只會做官的人，也不是一個只會舞文弄墨的人。

蘇東坡擅長民生工程，也能夠為地方政府開源節流；也是個好長官，在他任杭州知州期間，歷任的通判和他的感情都好，願意為他做事。他在杭州曾寫下一首膾炙人口的絕句，送給派駐杭州的將軍劉季孫。劉季孫調動部隊幫忙，在築堤上盡了不少力。

這首詩就是：

荷盡已無擎雨蓋，菊殘猶有傲霜枝。一年好景君須記，最是橙黃橘綠時。

簡單的句子，道盡杭州美景。但荷盡二字，也有寓意。他知道劉季孫有兄六人，都已過世，只留他一人，所以這麼說。菊殘猶有傲霜枝，則暗示劉季孫已經近六十歲了，仍然是嶔崎磊落的真君子。

蘇東坡在杭州的生活，除了督導工程，解決民生問題之外，和當時的士大夫相比，算是很清靜簡樸的，他家中並沒有蓄養家妓或歌姬，只有朝雲彈琵琶可為他唱曲。有人送他兩付「拍板」的伴奏器具，說是要給他家的歌姬使用的，結果，他自己拿來唱《金剛經》了。

沒養歌姬，不表示沒有娛樂。在朝中蘇軾之所以和程頤處不來，大半的原因也是他看不起那些動不動就要說教，把人生活得一點味道也沒有的「迂儒」。

仍是傳說。有位詩妓名叫琴操，某日來蘇東坡宴會中助興，其間一名賓客詠唱蘇軾弟子秦觀（1049–1100）（後人稱蘇門四學士之一）的〈滿庭芳〉。

山抹微雲，天連衰草，畫角聲斷譙門。暫停徵棹，聊共引離尊。多少蓬萊舊事，空回首、煙靄紛紛。斜陽外，寒鴉萬點，流水繞孤村。

銷魂。當此際，香囊暗解，羅帶輕分。謾贏得青樓，薄倖名存。此去何時見也，襟袖上、空惹啼痕。傷情處，高城望斷，燈火已黃昏。

賓客唱錯一個詞，把譙門唱成「斜陽」，於韻不合。琴操立刻糾正他，唱錯了。那官員故意考她，跟她說，那你才華這麼高，就幫我將錯就錯，改個韻吧。琴操直接改「陽」韻，接續唱道：

山抹斜陽，天連衰草，畫角聲斷斜陽。暫停徵轡，聊共引離觴。多少蓬萊舊侶，頻回首、煙靄茫茫。孤村里，寒鴉萬點，流水繞低牆。

魂傷。當此際，輕分羅帶，暗解香囊。謾贏得青樓，薄倖名狂。此去何時見也，襟袖上、空有餘香。傷心處，長城望斷，燈火已昏黃。

靈思精巧的詩妓琴操（1073–1098），本名蔡雲英，據說本來是官宦人家女兒，從小聰明伶俐，家裡讓她接受教育，琴棋書畫、歌舞詩詞無一不能。她十三歲時，父親受到宮廷案件牽連被殺，母親氣憤身亡，家產被沒收，流落為妓。蘇東坡一直很賞識她。只要泛舟遊湖，琴操常跟隨其間，蘇東坡偶爾也會考驗她的才華。

一日在湖中，蘇東坡考她：「何謂湖中景？」

琴操說：「秋水共長天一色，落霞與孤鶩齊飛。」

東坡又問：「何謂景中人？」

琴操回答：「裙拖六幅湘江水，鬢挽巫山一段雲。」思緒敏捷，幾乎直覺。

東坡再問：「何謂人中意？」

琴操又答：「隨他楊學士，鱉殺鮑參軍。」這話的意思，是自比楊學士（楊日嚴，北宋文人）、鮑參軍（鮑照，南朝宋人，知名文士）之才華。可見琴操自視甚高。

東坡又問：「才華這麼高，又能怎麼樣呢？」

這把琴操問得答不出話來。

如此，也不過是個歌姬，色藝雙全，將來又能怎樣？

琴操一時沒說話，東坡搶答：「門前冷落車馬稀，老大嫁作商人婦。」

這是白居易的〈琵琶行〉中的名句。或許東坡的本意，也只是為了調侃琴操，但聰明的琴操怔怔不語，立即了悟，後來削髮為尼，常伴青燈古佛。玲瓏山多了一位僧尼，而蘇東坡少了個可以來參加宴會的歌女。

傳說，蘇東坡在杭州時，也常去玲瓏山找琴操論詩說文。

之後的故事，就是紅顏薄命了。杭州太守做得再好，再怎麼眷戀杭州，任期頂多也就是那三年。後來蘇東坡的人生，其間一貶再貶，留在玲瓏山的琴操，在二十四歲的時候過世了。如今琴操墓碑仍在杭州，後人說是蘇東坡所立，不知真假。以蘇東坡當時身不由己的狀況，能夠安葬琴操的可能性極低。

畢竟是美麗傳奇，信不信由你。

蘇東坡在杭州，依然有好朋友，又結識了許多有意思有才華的僧侶，也會浪漫地到寺裡去批公文。我認為，這是他當地方官那麼多年中最快樂的時光，公餘之暇，座上客常滿，樽中酒不空，畢竟這是一個人文薈萃的江南水鄉。他肯定也忘記了前輩的告誡叮嚀：詩少寫一點，以免多言惹禍。

有時候，望著西湖美景，蘇東坡也會想起十五年前第一次來杭州當通判時的情境，悼念當年故人，如今皆已不存：

余十五年前，杖藜芒履，往來南北山，此間魚鳥皆相識，沉諸道人乎？再至惘然，皆晚生相對，但有愴恨。

悼念的不只故人，還有年輕的自己，轉眼之間，半百光陰已逝，人生困局依然，蘇東坡是個沒辦法假裝看不到的人，在杭州還是為了人民福利與國家斂財之法對抗，官做得愈盡力，朝中急著彈劾他的人愈多。

幾番歸來風兼雨

宋朝集權中央，當地方官的，不管做得有多好，「外放州郡」都沒有在中央做官來得高尚。老在申請外放的蘇東坡想法比較不一樣，他寧願辛辛苦苦地為民興利，不願意回朝廷每天眼見各種鬥爭。外放對他而言，更加適合他的性情。

他自請外放杭州之後沒半年，太皇太后就希望他回到朝中。當時答應他到杭州，原本的意思只是讓他避避風頭。元祐五年（1090），太皇太后兩次請人傳達了意見，希望蘇東坡回朝，還想要讓他當吏部尚書。換上別人早就風速入京，但蘇軾並不願意，推說自己又老又病，無法擔此大任。

這一年，太皇太后讓司馬光門生劉摯當了宰相（宋神宗之後，宋代宰相為左僕射兼門下侍郎、右僕射兼中書侍郎，劉摯是後者，前者為呂大防擔任），蘇轍當中大夫、尚書右丞，這就已經是位極人臣的二品官，也就是副宰相了。

在朝中最公平的事情是：誰都可能受到攻擊。對於蘇家兄弟升官，御史臺上奏負評寫得極狠，說蘇轍以文學自負，個性剛猛，用他等於又用了一個王安石；而蘇軾雖然文學造詣是有的，卻屬於蘇秦、張儀一類，說得天花亂墜，並不實在。御史們意思是：「太皇太后啊，你喜歡他的文章是一回事，但用他來執政，恐怕就是禍國殃民。」太皇太后仍堅持己見下詔。但因已經先用了蘇軾的弟弟，為了避親，沒有再用蘇東坡當吏部尚書之理，以翰林學士之職，召蘇東坡回京。

蘇東坡在元祐六年（1091）離開杭州。彼時又逢春季洪水氾濫，他乘舟先到湖州、蘇州巡視水患。看到災民為水患所苦，他食不下嚥。他想的是，當時說王安石當權，用人不當，改革操之過急，官員狐假虎威又從中漁利，不體恤百姓，但是……現在舊黨當政，難道有比較好嗎？並沒有。大水氾濫成災，為時許久；他曾經為了救災，向朝廷請求撥放一百萬貫，太皇太后雖已准許，但中間主事的發運使，卻說米價昂貴，大家都不願意賣，所以遲遲未有救濟。不肯想出解決方法，眼睜睜看著人民挨餓。一腔熱情想救災，處處被阻斷！

回到朝堂當理論家，再度捲入一群文人的鬥爭，非蘇東坡所願。何況，弟弟現在當了右丞相，他理應迴避。本來非常想念弟弟的他，牙一咬，決定暫緩赴京，轉往南都候旨，住在他的恩師張方平家裡，這是他最後一次見到恩師張方平。

朝中此時的狀況，也是一波未平，一波又起。雖然呂大防及劉摯併為丞相，但呂大防是個質樸君子，沒有劉摯懂得運作權謀，權力已經由劉摯掌控。劉摯在王安石為相時，是條硬漢，雖然王安石也很看重他，但他還是勇於直言，勇於反對，不畏新黨權勢滔天；但人在換了位置之後，畢竟也還是會換了腦袋。此時劉摯的政治對手，早已不是被貶謫的新黨諸舊人，而是朝中人士，包括宰相呂大防，還有蘇東坡、蘇轍。

蘇東坡、蘇轍性情差很多。蘇東坡做人隨意，愛開人玩笑，即使在朝中也是一樣，連司馬光當丞相時，他都敢暗罵他「司馬牛」。蘇轍是個小心翼翼的人，很難被抓到把柄。有蘇東坡這種多言惹禍的哥哥，都已經夠讓他頭痛了，哪裡還能夠大而化之？兄弟倆形成了互補性格。

蘇東坡畢竟是了解自己的。他回朝中，必然又會成為被攻擊的對象，會給當了副丞相的弟弟惹禍。「烏臺詩案」時，他不就連累了弟弟，讓進士弟弟去做一個管鹽管市場的小官吏，而如今弟弟貴為副丞相……他想，自己還是不要回去搗蛋了吧？但太皇太后的命令是不能違抗的。

蘇東坡個性務實、沒有架子，到處都是民間友人，和尚、歌姬、販夫走卒都喜歡他，但他在朝中得罪的人可多了，不只是新黨。蘇家二兄弟在朝中被稱為「蜀黨」，他們蜀人勢力其實最小，而蘇東坡還真的把司馬光的弟子們形成的「朔黨」，以及程頤夫子及學生們的所謂「洛黨」全都給得罪了。朔黨一說起他，就說他像張儀、蘇秦那些耍嘴皮子的人；洛黨只要看見蘇東坡又寫了什麼，就牽強附會，希望再給他戴一頂長得像「烏臺詩案」的帽子。

劉摯（1030–1098）和劉安世，都是北方人，本來都是司馬光那一派的。劉安世（1048–1125）掌握御史臺。這兩人在太皇太后垂簾聽政時，配合得相當好，問題在於行政權和監察權的結合，在政治邏輯上肯定不是好事。行政權容易用這些掌握彈劾權力的御史大夫們排除異己。劉安世掌握御史臺，用的就是洛黨朱光庭、賈易、楊畏等人，「朔」、「洛」結合，不只一次地找蘇東坡麻煩。蘇東坡幾次向朝廷申請賑濟江南水患災民，擋他的就是賈、楊這些人，蘇東坡怕人民餓著了急得要死，他們硬要說蘇東坡胡說八道，不是實情。

只為排除異己，寧可百姓受難，造成的結果，和新黨當道時，也沒有區別。

在日後「元祐黨人」所面臨的波折裡，蘇東坡很慘，能夠跟他比慘的，只有劉安世，之後再提這二人在未來先後被朝廷流放中上演的「敵人變朋友」劇碼。在這裡必須說明，所謂的元祐黨人，雖然都在元祐時期受到太皇太后重視，但在政治上可不是意見相同。

元祐四年，劉安世曾經彈劾過「烏臺詩案」陷害蘇東坡的主要殺手謝景溫，說他：「天資姦佞，素多朋附。」簡單來說，就是個性天生是個小人，又擅長交往小人朋友。謝景溫因而被彈劾外放。但劉安世也不是蘇東坡的朋友。他的地域觀念很深，看不起以南方人為主的新黨，至於蘇東坡這些從四川來的，對他來說也是地不靈、人不傑的產物。

劉安世厭惡蘇東坡這種「文人」，常說：「士當以器識為先，一號為文人，無足觀矣。」

有人胸有成竹地等著蘇東坡進京。

蘇東坡一入京師，賈易就拿他在杭州寫的詩開刀。這首詩就是他曾題在揚州竹西寺的「此生已覺都無事，今歲仍逢大有年，山寺歸來聞好語，野花啼鳥亦欣然。」說他在神宗過世這年，暗自慶幸。事實上這首詩是蘇東坡聽聞自己獲准在常州居住時的心情。當時已經不是個罪官，無事一身輕，打算要去宜興種田。顛倒時間順序，是與文字獄者必有的訓練。在那個時代，誰也不能夠好好證明時間序，而東坡的文字又流傳極廣，人家什麼時候傳鈔，並不是他所能控制。

這件事，右相劉摯也被指為推手之一。

此時，有個小人登場了。曾經為了諂媚蘇東坡，上奏說像他這樣棟梁之才應該要留在中央的趙君錫，為了自己的升官利益，和御史臺那些洛黨的大夫們聯手，上奏說起蘇家兄弟壞話。大家明知道他和蘇家兄弟交好，他說的話就更加有殺傷力，變成了「大義滅親」的證詞；他說蘇家兄弟私下議論朝政，洩漏朝廷機密，告到太后那邊去了。

趙君錫為何不惜參奏朋友？因為他想要升官，過去蘇轍只要升官，補他的缺的就是趙君錫。現在，蘇轍身居副宰相之位，如果把蘇轍搞走了，他不就可以更上一層樓？

蘇轍謹言慎行，不好告發，但他哥哥熱愛發表各種感言，可就好下手了。弄走了哥哥，弟弟也會受到牽連獲罪。所以趙君錫決定依附右相劉摯那一邊，先弄掉蘇家兄弟再說。

蘇東坡在太皇太后跟前，解釋了自己那首詩並不是在神宗過世之後寫的。最讓他傷心的是，遭到趙君錫背叛，實在心灰意冷。

每次他出京時，都有人告誡他不要亂寫詩，還真的都一語成讖！

趙君錫參奏蘇東坡，造成了「損人不利己」的局面。太皇太后明白了蘇東坡不願還朝的心意，讓他以龍圖閣學士到潁州當知州。蘇轍本也自請外放，但仍被太皇太后挽留，仍為副宰相，而趙君錫偷雞不著蝕把米，也降了級。

五十六歲的蘇東坡又被賜了金腰帶、銀鞍馬，一身榮譽出京去了。

劉摯那一夥人，在他走後，仍然以蘇轍為主要目標進攻。但下一個犧牲品，卻是擁有大權的劉摯，他與左相呂大防早有矛盾，被楊畏參奏。楊畏在御史臺解釋了許多，說劉摯的兒子和章惇的兒子交情好，想要讓新黨復辟，抄了劉摯給朋友的書信，到太皇太后面前檢舉他。太皇太后生氣起來也不得了，使得劉摯在蘇東坡離京後不久就罷相，到鄆州當知州去了。

蘇東坡的幸運，足見太皇太后對他的偏愛。潁州在今天的安徽，風光秀麗、雨順風調、人文薈萃，是晏殊、歐陽修的故鄉，相對富庶。鄆州在山東西北，《水滸傳》即以宋時鄆城縣宋江、晁蓋落草為寇作場景，大概可以想見鄆州當時的亂況。

李一冰《蘇東坡新傳》形容得好：「政壇裡的打手，打人成了習慣，不論何時，都須有個攻擊的目標，倘若沒有敵人可打，就打自己的同夥，他們沒有是非，沒有道義，凡是擋在路前面的都是障礙，都是攻擊的靶子。」劉摯此番落馬，即是如此。

很多人以為，小人嘛，只要不惹他、對他好就沒事。其實和小人為敵，當然麻煩，但卻可也不能對小人好，他們更容易出賣你。因為他們眼中並無真正朋友，只有自己。

五十六歲的蘇東坡常常會想著歸隱。他已經厭惡那些一直被參奏、一直要為自己辯解的日子。但他卻不能因此將他的筆束之高閣。要他什麼都不寫，可能比死還難過了。此詩最足以說明他當時心情：

此境眼前聊妄想，幾人林下是真休。我今心似一潭月，君已身如萬斛舟。
看畫題詩雙鶴鬢，歸田送老一羊裘。明年兼與士龍去，萬頃蒼波沒兩鷗。

——〈次韻子由書王晉卿畫山水一首而晉卿和二首〉之二

他的幻想是有一天能夠跟弟弟一起退隱，像兩隻鷗鳥一樣，消失在茫茫大海之中。

這是多麼難實現的願望。不是一起貶，就是一起忙。

蘇東坡在潁州時，他的長子蘇邁也獲授「河間令」一職，離開父親身邊。這個孩子，之前為了和父親到黃州去，用了最好的青春陪父親謫居，以盡照顧之責。如今也三十多歲了，才得了個小官做。

潁州相對上政清人和，沒那麼焦頭爛額，蘇東坡又在潁州和幾個好朋友會面了：很有才學的宋朝宗室趙令畤，時任潁州通判；還有好朋友陳師道，正在潁州當官學教授。好朋友在一處做官，頗為怡然自得。

蘇東坡曾在詩中將潁州西湖與杭州西湖相比，說：「大千起滅一塵裡，未覺杭潁誰雌雄。」

歐陽修去世已久，潁州西湖上的歌女，還在畫舫中唱著歐陽修寫的詞。這常常讓蘇東坡懷念起歐陽修，歐陽修不只是他的前輩，歐陽修的兒子也是他的親家：歐陽修的孫女嫁給蘇東坡次子蘇迨。長大後的二兒子蘇迨也是個很有才學的青年，可惜身體沒太好。

在潁州，不過半年，蘇東坡認真的完成了防洪、防旱的水利工程，做了不少好事。當時鄰州大鬧饑荒，難民們都逃到潁州來，他又依照老辦法，跟朝廷要度牒賑濟災民。

朝廷給他的任官期限，比想像中短，元祐七年春天，他又被調到揚州去了。

在揚州，他一上任就做了件大事：下令不再舉行萬人空巷的萬花會。

揚州的芍藥花與洛陽牡丹齊名，也和洛陽一樣舉行萬花會，一次用花十幾萬枝；官員宴會的場所，都用牡丹花作為屏障。在屋的梁柱及斗拱，也都費心用竹筒貯水插花展示，人們一抬頭，都是花團錦簇，美則美矣，但用的都是民脂民膏。蘇東坡到揚州任官，正是花開季節，辦事的官吏向蘇東坡報告這「慣例」，東坡裁示停辦。蘇東坡寫信給他的朋友王鞏（1048–1118，官宦世家，張方平女婿），是如此解釋的：「辦一次花會要用成千上萬的花朵，辦事官吏，藉機從事貪汙，剝削人民，我已將它停辦了，雖然有點煞風景，但也省去許多不良效應。」這個考量也有局勢問題，潁州、揚州收成雖佳，但是附近諸州都因水災無糧可食，流民遍地，他並不願意在此時如此鋪張。

揚州夢又是半年而醒。深秋，朝廷又下了詔令，授他兵部尚書兼侍讀，要他回到朝中來。

調動頻繁，是宋朝習慣。半年太守，能做多少事?蓆子沒坐暖，又得走人。回到朝廷去的蘇東坡，再上奏向太皇太后請求外放越州。越州在今日紹興一帶，和杭州很近，一樣是水鄉澤國。太皇太后並沒有准許，讓他做端明殿學士兼翰林侍讀學士。此時皇帝滿十八歲了，已經大婚。現在的皇帝，和蘇東坡之前教導時那個不踩螞蟻的男孩，個性大不相同。太后把蘇東坡召回來再任帝師，應該是希望能借他之力，改變皇帝的叛逆態度，以及他對於當朝老臣的反抗心理。這時的年輕皇帝，對大臣們只恭奉太皇太后的態度更加不滿了。他知道，總有一天他會掌握政權，有一天要用自己的方法治理他的大好江山。

蘇東坡盡責地給皇帝說了許多教誨，到頭來對年輕皇帝是一場夢話，後來更換來了自己一身倒楣。

回到朝中的蘇東坡，可想而知又受到御史臺的大量攻擊。御史臺還是「洛黨」天下，他們說蘇東坡結黨營私。自從蘇東坡回到朝廷之後，舉薦了不少和他親近的人，如王鞏，張耒、晁補之、秦觀（這三個人和黃庭堅並稱蘇門四學士），又說他在潁州時亂用官錢、和宋宗室趙令畤親善，要趙家婦女來陪酒吃飯。當然還有一些套路，比如用詩文毀謗先帝之類；還說蘇東坡之前在宜興買田，是強占民產……

太皇太后和宰相呂大防還是維護蘇東坡的，兩位收集千百條罪狀參奏蘇東坡的御史，因為「誣陷忠良」之名被貶為地方官。

京師真的不是好地方啊。經過了此番折騰，雖然想害他的人反而貶降了，蘇東坡並沒有感受到勝利的喜悅，更多了幾分的無奈感。人在京師，就是要和這些老是在找麻煩的諫官鬼打架，這樣耗費生命，真的有意義嗎？

元祐八年（1093）盛夏，他的妻子——曾和他一起流落四方，也飽受驚嚇的王閏之，病逝於京師，享年四十六。這一年，蘇東坡五十八。

王閏之是一個沉默而賢慧的婦人。蘇東坡〈後赤壁賦〉曾記，有天客人帶了一隻大嘴巴的魚來找他，問他有沒有酒可以配魚？王閏之馬上說：「我藏了一壺，就是為了你的不時之需而準備的。」蘇東坡就提了酒、拿了魚，到他所稱的「赤壁」之下，去烤魚吃了。

蘇東坡在祭文中說她「三子如一，愛出於天」，也可知這個後母做得沒話說。畢竟，他的第一個妻子王弗也是王閏之的堂姊。此時，他和王閏之的兒子蘇迨二十四歲、蘇過二十二歲，都在做「承務郎」，八品文職官。

妻喪之後一個月，太皇太后病逝。蘇東坡受詔為定州知州。

傳說太皇太后在過世前，老早就知道年輕的哲宗皇帝，非常厭惡這群沒太看重他的元祐老臣，老早有自己的打算，所以在過世前，將蘇東坡任命為定州知州，希望他遠避朝堂。

太皇太后葬禮之後，蘇東坡又風塵僕僕履職去了。定州在今河北保定，是與遼國接壤的邊防重鎮，來此與在江南水鄉除水患不同，他的關鍵任務在於整頓軍紀。邊界侵擾頻繁，任務之吃重、心情之沉重可以想像。

短時間內，蘇東坡想歸隱還是沒有希望。

蘇東坡到底得罪了誰？

蘇東坡到底得罪了誰？

很多、很多。之前我們已經說過，除了新黨，還有跟他一樣被歸為保守派，所謂的朔黨和洛黨。

蘇軾是個少年得志的才子，意氣風發，寫起文章來氣勢磅礡，也天生很會得罪人。他在朝臣中太顯眼、太特殊了，想要把自己藏起來也藏不了，變成一個發光的箭靶子。

要明白任何鬥爭，攻擊小咖是沒有用的，要發難都要先整倒那個最放光的角色。這些事情，在他的人生中發生千百次，終身難免除。

以現代的話來說，一言以蔽之，就是天生招黑體質。固然，我們也不必為他避諱，有些事還真是他自己招惹來的，有些是禍源不在他，但是他的目標太顯著了，攻擊他才有痛快感。

先來說他如何得罪推崇程頤的洛黨。

我們說過，程頤在蘇東坡之前，擔任過哲宗小時候的老師，小哲宗恨這位老師恨得牙癢癢的，所以長大之後給老師的處置，比對付仇人還狠。

你可以說，這位皇帝並非可教之才，也可以說他的童年陰影太深。

神宗過世後，在太皇太后、朝臣和百姓的呼喚中，原本隱居洛陽編撰《資治通鑑》的司馬光忽然接任宰相。他推薦了程頤這位不苟言笑的理學大家來當太子的老師，想把太子教成正人君子；程頤桃李滿天下，但是恐怕不怎麼適合「幼教」，不理解青少年心理了。

程頤（1033–1107）和他的哥哥程顥並稱二程，兩個人都是教育史上重要人物。哥哥程顥（1032–1085）比他大一歲。哥哥曾經考上進士，弟弟落榜之後終身不考了。程頤曾在朝廷為之修建的「伊皋書院」（元朝改名為伊川書院）講學近二十年。二程門生子弟不計其數，考上進士的也很多，之後不少官員被稱為洛派。朝廷多次任命程頤做官，他都辭而不就，後來是因為司馬光等大臣請他來當皇帝的老師，程頤才應允。

原生家庭相同，但兩兄弟個性差異很大。他們的學生是這樣形容的：程顥（明道先生）終日坐著，如泥塑人，待人接物一團和氣。程頤則總是板著一張臉，動不動就會訓人聖賢大道理。程顥與學生們討論問題，如果學生意見不同，他會說：「我們以後再商量看看。」程頤（伊川先生）則會馬上說：「你錯了！」

你喜歡哪個老師教你？

我想，如果程顥活久一點，是他來擔任哲宗老師的話，或許哲宗在青少年期應該不會有那麼大的性格變化。

從生活中的小事，也可以看出這兩位夫子的個性完全不同。傳說他們一起應邀赴宴，其中有家妓勸酒。程頤很不高興地離座走人，程顥則留下來跟大家喝個痛快。第二天，程頤還去書房責問哥哥，你怎麼可以那麼不堅持？程顥笑著說：「原來你還在意這個？昨日座中有妓，我心中卻無妓。今日書房中無妓，你心中竟然還有妓。」

你又覺得這對兄弟哪一位修養好呢？

程顥、程頤兄弟二人性格不同，人緣差別也大。有一回，這對兄弟一同進入一座寺廟，寺廟左右各有一道門。程顥走右邊那道門，一大幫弟子都跟著他走右邊；程頤打左邊走，身後一個人都沒有。程頤就很感慨地對程顥說：「在待人方面，我實在比不上哥哥。」不過，也沒改。程顥也曾有感而發地說：「要讓人尊師重道，我弟弟肯定可以做到；但是要造就人才的話，我可要比弟弟高明些。」

二程的老師是著名的理學家邵雍和周敦頤，邵老師曾讚許這兩兄弟是天下一等一聰明人。後來蘇軾在朝中的死對頭朱光庭，年輕時曾經慕名去向程顥問學，停留超過一個月回去後曾對人說：「我一個多月都沉浸在春風中。」這就是成語：「如坐春風」、「春風化雨」的由來，用以形容老師給學生的溫暖感召力。

蘇東坡從黃州回到朝廷，和程頤的白熱化衝突起因於司馬光葬禮。司馬光的葬禮，程頤本職是皇帝老師，又奉命成為司馬光的治喪委員會主席。

司馬光過世時，文武百官正隨著宋哲宗趙煦參加在明堂的祭拜典禮，這是很早就訂下來的國之大事。蘇東坡剛返回朝中，大臣們得知丞相過世訊息後，紛紛要求去司馬光家中弔唁。

此時，突然有一人攔住他們，不許他們去弔唁司馬光。

正是程頤。

為什麼？很有學問的程頤引經據典地說道：「《論語》中說過『是日哭則不歌』，既然我們剛剛參加完明堂的吉禮（「歌」），又去參加葬禮（「哭」），就是對死者的不尊重，又是對剛才的禮儀有所冒犯。」

聽完這話，大家面面相覷。程頤忽然搬出「古禮」來不許憑弔，實在不近人情。群臣無言以對的時候，蘇東坡站了出來，反駁：「《論語》中只是說『哭則不歌』，又沒說『歌則不哭』，不是嗎？」

這是順序的問題。大家點頭稱是。蘇東坡是個過目不忘的人，腦袋也清楚。他最討厭用繁文縟節來膠柱鼓瑟約束人，馬上把程頤堵了回去。

蘇東坡也得理不饒人，補了一句：「這應該是該死的叔孫通所制的古禮吧。」叔孫通是漢代大儒，為劉邦制定漢朝禮儀，不過因為禮儀繁複謹嚴，後世便失傳了。

蘇東坡這當面一罵，群臣很難忍笑。不過，稍晚蘇東坡和眾大臣往司馬光家去弔唁時，司馬光的兒子們竟然閉門謝客，沒有一個人出來迎接他們。原來程頤還派人來跟司馬光兒子說，此時接受悼祭，於禮不合。這個尷尬的局面讓蘇東坡也不高興，諷刺道：「程先生的禮儀還是有疏忽，應該要寫個信，燒給閻羅王報知一下才好。」

兩人之間還有不少磨擦，都是宋朝人筆記裡寫的。由於兩人的確不合，加油添醋的人也多，聊備一格。有一回碰到國家的忌日，大臣們都到相國寺祈禱，程頤是主辦人，下令寺方供應素菜。蘇東坡又槓上了，說：「你不是不信佛嗎？為什麼要吃素呢？」程頤不甘示弱，也引經據典地說：「根據禮法，守喪期間，不可以喝酒食肉；

忌日，是喪事的延續，自然也應該遵守不喝酒、不食肉的規定。這可不只是佛家說法。」但東坡卻刻意和他打對臺，一面令人準備葷菜，一面吆喝道：「為劉氏者左袒！」這是漢高祖皇后呂后去世之後，呂氏、劉氏對峙時的故事，後來劉氏子孫消滅了呂氏族人。蘇東坡把程頤那一派比喻為呂氏那一派，大臣們各自選邊站；秦觀、黃庭堅這些蘇門學士則食肉，程氏弟子等人食素，壁壘分明。

不過，我認為這個故事不是真的。在相國寺槓上，不合禮法，中年蘇東坡個性也沒這麼衝動。他剛被從謫居之地放回來，心裡對於自己人在朝廷的動輒得咎，還是會心存警惕。

總之只要看到程頤，蘇東坡都沒給好臉色看，他還曾明明白白罵程頤奸險。程頤的學生們，覺得沒被尊重，恨之入骨。

蜀、洛兩派不合，他們的朋友和弟子們為了爭一時長短，意氣用事，搞出更多事。蘇東坡的好友孔文仲（1038–1088）是孔子四十七代孫，非常不喜歡程頤。元祐初年曾上書參奏程頤，說他替皇帝講學時，常常引用不實的言論來影響皇帝的想法。皇帝原本單純，年紀也還小，沒有不良的嗜好，程頤卻莫名其妙常提醒他不要接近女色；皇帝旁邊沒信任什麼小人，程頤卻一再嘮叨要他遠離小人，結果服侍皇帝的內侍們都以為程老師在罵他們。甚至程老先生還經常在小皇帝面前自誇：「就算孔子再生為陛下講課，也不過是這樣罷了。」又說程頤利用替皇帝講學的身分，往往超越分際，甚至勾結權勢、搬弄是非、離間作亂、挑撥恩仇，因此民間稱他為「五鬼之魁」。

這話批得十分嚴苛，明明是孔文仲上的奏章也被算在蘇東坡帳上，說是他挑撥。有人認為程頤和蘇東坡的恩怨，是好人難為好人、君子難為君子，其實沒錯。不合出自於個性，而互看不對眼的兩人都有些小心眼，彼此槓上，肯定是事實。因口舌而形成朝廷的派別紛爭，也是事實。

洛派人也有他們的說法。他們說東坡是為了爭取替司馬光主持喪禮，沒有成功，所以才攻擊程頤。後來，猛烈攻擊程頤的孔文仲去世了，洛派的人又說：這位孔子後裔原本個性純厚，只因受了蘇軾的唆使而做出殘害忠良的蠢事，後來覺悟了，才抑鬱致病而死。又說：呂公著為相時，對程頤甚為器重，有問題都會問他，選人才也都決定於他，蘇東坡、蘇轍才會猜忌攻訐程頤。

程頤的古板是很知名的。傳說，蘇門四學士之一的秦觀曾寫過一首詞，裡面有一句「天若知也和天瘦」，流傳民間。把天擬人化，屬於文學性的慣用修詞法。有一天程頤遇到秦觀，問此詞是不是他寫的。對秦觀說：「上天是很尊嚴的，怎麼可以把祂寫在詩詞裡，來侮辱上天？」

「餓死事極小，失節事極大」也出自程頤。宋代的寡婦是可以再嫁的，也是民間常情。但程頤認為：丈夫死了，未亡人不可再嫁，再嫁就是「失節」。娶「失節」的寡婦，等同自己也「失節」，所以要人不可娶寡婦。弟子又問：如果寡婦不再嫁，便「貧窮無託」，沒有謀生能力，可能會餓死，餓死的恐怕還包括孩子，那能否再嫁呢？程頤說這只是「怕寒餓死」的藉口，然後說出了被後世痛罵冷血無情，但後來的確有許多烈女遵循為禮的十個字：「餓死事極小，失節事極大」。

朱熹（1130–1200）承傳二程之學，崇拜程頤，曾說：「昔伊川先生嘗論此事，以為餓死事小，失節事大。自世俗觀之，誠為迂闊；然自知經（典）識理之君子觀之，當有以知其不可易也。」（〈與陳師中書〉）。基本上，也是贊成的。近代這句話成為「吃人的禮教」的代表句子，影響了民間風俗，明清之後不少節婦，夫死殉命，不管老公是不是真的良人。此二派學風不同，朱熹在教學時也常拿蘇東坡來罵。反正，誰看誰不順眼，什麼問題都有。這兩派之爭，從此沒有停過。

蘇東坡與程頤在哲學觀念上也有很大的衝突。比如對於「天理」、「人欲」的看法，程頤看來，「敬」字是他學說中最重要的。蘇東坡對「天理性情」的理解與程頤幾乎完全相反。他反對程頤的「節欲制情」，認為情無善惡，要順情達欲。他對程頤一派強調「敬」的作風甚為反感，當他看到朱光庭「端笏正立，嚴毅不可犯，班列肅然」的樣子，會隨口調侃人家說：「什麼時候才要打破這『敬』字」啊？」

大家都是國之棟梁，為了這些小事吵架，好像有點不識大體。但魔鬼其實都在小事裡。現在大家應該可以理解，朱光庭為什麼一直要參奏蘇東坡了，蘇東坡愛戲謔，不一定每個人都會認為是幽默。

然後，我們來聊聊蔡確（1037–1093）。

要了解章惇和蘇東坡，從本來約定要一起退休的好朋友，後來卻變成章惇想要致蘇東坡於死地，只差沒有派人來直接謀殺他……肯定中間有一些劇烈轉折，蔡確詩案事件關係重大。

蔡確這個人，在王安石和呂惠卿離開朝廷之後，成為繼續推動新政的主力。他和呂惠卿、章惇都是福建人。

蔡確，儀表堂堂，也屬官宦人家子弟，仁宗嘉祐四年（1059），二十二歲就考上進士。王安石很欣賞他做事果斷，提拔他當左右手。

在元代修的《宋史·奸臣傳》中，蔡確被列為「奸臣」之首，但公平嗎？請你繼續看下去。

他的死，是被陷害的。蘇東坡也有間接責任。

蔡確年輕時剛正，只要他覺得道理不直，就很敢頂撞長官，也是個有豪氣的人。推行新法的目的，是因為他相信變法圖治、富國強兵。

保守派當然不喜歡他，元豐五年（1082），他手握大權，神宗讓他成為右相（左相是王珪）。此時已經出京的富弼曾上奏直言「蔡確小人，不宜大用」，這句話大大影響了後世對他的評價。

神宗過世前，並未真正立太子。誰應該繼承皇位上，有這樣一個說法：元豐八年（1085），神宗病重，左相王珪（1019–1085）點頭表示同意。高太后、皇子趙煦（1077–1100，本來叫做趙傭）和朱德妃（趙煦生母）當時都在場。等到退出神宗臥室，王珪等眾人又跪在高太后面前，要求太后聽政，高太后起初不肯。

話說趙煦又不是嫡子，本與皇位繼承無關。但這也是抽到了機會牌的問題：宋神宗有十四個兒子，前五個兒子都夭折，不到十歲的趙煦成為序齒最大的那一個。

但是，蔡確卻有不同的意見。

高太后除了神宗之外，還有兩個親生兒子，雍王趙顥（1050–1096）和曹王趙頵（1056–1088），正好是三十六歲和三十歲。兩個人都聰明好學、年富力強，均稱賢能。反正宋朝又有宋太宗「兄終弟及」先例（這件事一般都認為是宋太宗的一個大陰謀，更有些人認為趙匡胤是他弟弟殺的，有「斧聲燭影」的傳說，故事很長，確有蹊蹺，在此不多講）。蔡確認為，為什麼不直接立高太后的兒子、神宗的弟弟就好？

於是就請邢恕以賞花為名，開始運作。邢恕邀請了高太后的兩個親姪子高公繪和高公紀到家。高公繪和高公紀應邀前來後，邢恕找機會說了這話：「皇帝陛下的病情已重，恐怕回天無力，他最大的兒子太小了，是否請太后考慮一下雍王和曹王，他們的聲望都很高……」繼位的事，按理臣子們是不能夠提建議的，高公繪非常警覺地說：「你可不要陷害我們全家！」就趕緊拉著弟弟一起離開邢府。

如果這件事真的出於蔡確所策劃（有人說他只要成功擁護高太后之子，一定可以扳倒右相王珪取得大權），他的最大問題在於他不了解高太皇太后。高太皇太后是個守禮的一國之后，把名譽看得比什麼都重要。她認為神宗又不是沒有兒子，父死當然要子繼，她不會因為自己還有成年兒子，就去搶這一杯羹，不然，後世的人會怎麼講呢？一直到了她走到生命的盡頭，她還在問大臣：「你們說，我攝政的這些年，我難道有給我們高家人任何特權嗎？」

的確沒有。這是不容易的。

但如果從結果論英雄，說真的，短命的哲宗實在不是什麼英明好皇帝，他一輩子就活得像個賭氣的青少年。如果高太后當時答應以自己的兒子來接續皇位，那「說不定」（有關未來，誰說得定？）歷史就會改寫，之後宋朝也不會在新、舊法之間反覆來去，使得人民一直在主事者的各種變局中被整來整去。至少趙顥曾經為了新法和哥哥神宗有過口角，如果太后都啟用保守派，他應該不會像哲宗那樣，在高太后去世後馬上來個新舊大翻盤。

神宗不久就病逝了，哲宗即位，由高太皇太后攝政，蔡確成為左相，章惇成為右相，但很短暫。司馬光被迎回執政後，盡罷新法；元祐二年（1087）蔡確罷相出京，當過陳州、安州，以及鄧州的知州。

然後，出了「車蓋亭詩案」導致蔡確之死。這個詩案其實跟蘇軾的「烏臺詩案」異曲同工。很多人認為當時差點把蘇軾整死的「烏臺詩案」，看來是邢恕主謀，但其實是蔡確的唆使。這個「車蓋亭詩案」是保守派，尤其是蘇軾、蘇轍的報復。「烏臺詩案」沒有整死蘇軾，但是「車蓋亭詩案」整死了蔡確。

蔡確在安州遊車蓋亭時，寫下〈夏日登車蓋亭〉十首絕句，在朝的政敵吳處厚向朝廷檢舉他。

吳處厚比蔡確早六年考上進士，兩人素有恩怨。

傳說，蔡確曾經跟吳處厚學過如何寫賦。然而，蔡確的官職升得快，蔡確擔任宰相，吳處厚寫信向他求官，蔡確卻一直無意提拔他。不提拔一個人，也不能怪他不知恩圖報，說不定你就是明白他可能是位好老師，但不是個好官，因為你了解他。

吳處厚後來當大理丞，不是蔡確幫忙，而是當時的左相王珪推薦的。反正後來只要遇到蔡確，吳處厚為官都不利，吳處厚就認為蔡確一直故意跟他過不去。也有這麼一個傳說，吳處厚愛作詩，有個官吏從漢陽到安州辦事，蔡確問吳處厚近況，官吏隨口背了首吳處厚的詩，其中有「雲共去時天杳杳，雁連來處水茫茫」兩句，蔡確聽後不屑地說：「仍是胡言亂語。」

為何我老愛用「傳說」開頭？因為，蒼蠅愛鑽有縫的蛋，只要兩人有點不合，就有人愛編織謠言，傳到那個不合的人耳朵裡，搧風點火，恨上加恨。不然，請問是誰把「仍是胡言亂語」又傳到遠在天邊的吳處厚耳朵裡去？

總之，因為這些斑斑點點，吳處厚就懷恨在心了。在蔡確罷相之後，都還想找他麻煩。終於，他有靈感了。吳處厚後來也被寫在《宋史・奸臣傳》裡，且聽下回分解。

最好的朋友、最壞的仇人

吳處厚花盡心思找蔡確的麻煩。

這個文字獄的確和蘇東坡涉及的「烏臺詩案」如出一轍。為了整人，什麼話都可以編排。蔡確本來以為，他外放那麼多年，應該沒事了。換個角度看，他外放諸州當地方官時，還可遊山玩水，不要理那「一朝汙穢」。

這麼多年了，不放過他的，就是曾經和他有交情的人。

〈夏日登車蓋亭〉詩，也不是什麼太精采的詩作。蔡確雖曾貴為宰相，也不像蘇東坡，詩文傳鈔的力道那麼大，想要找出他的把柄必得有心搜集。

吳處厚檢舉他，車蓋亭詩有五篇都在譏諷朝廷，其中有兩篇更是醜詆太后。其中有「矯矯名臣郝甑山，忠言直節上元間」的句子，就是把攝政的高太后比做武則天！

蔡確詩句多用典故，必須解釋一下。郝甑山是何人？他就是車蓋亭所在的安陸市人，唐朝大臣郝處俊（607–681），他的父親郝相貴，在唐朝曾經當過滁州刺史，受封甑山縣公，他世襲了這個爵位。唐高宗年間，郝甑山文武全才，曾隨名臣李勣（徐世勣）奉命遠征高句麗。

他在武則天稱帝前就過世了。武后為除異己，採用了一班酷吏，只要被誣造反，全家都沒有活口。郝處俊的孫子中書舍人郝象賢在武則天時代因被誣告造反而被處死，武則天還下令將郝象賢的屍體割裂分解，又溯及祖先，大肆破壞郝處俊的墳墓。郝處俊是安陸市人，蔡確登車蓋亭想到了他，在鄉懷其人，也是理所當然的。解釋了這麼多，相信多數人不會認為這裡有什麼諷刺意味，就是在寫郝處俊啊。

但所謂諷刺，是思想犯，只要我認為你有這個意思，誰管你真的有沒有意思？逮到機會的吳處厚就加油添醋一番了。

高太皇太后平常實在不是個不講理的女人，但她垂簾聽政時最大的地雷就是「別說我像武則天」，我都已經那麼努力地在輔佐孫子，也沒有任何私心去立我自己另外那兩個親生兒子了，你們還想要怎麼說？她很敏感。

蔡確一案，惹怒了高太皇太后。經過一番討論，高太皇太后將蔡確貶為光祿寺卿、分司南京。這樣就沒事了嗎？沒那麼簡單。如果說「烏臺詩案」是改革派陷害保守派，「車蓋亭詩案」就是保守派用來打擊改革派，都是北宋文質彬彬士人的惡鬥，相同點在於找一個人寫的詩開始編文章。

蘇東坡在這個案子上的參與，有證有據。有學者研究過他的某種奇妙報復心理：當政敵蔡確發生「車蓋亭詩案」，蘇東坡是個文字獄的過來人，當然不會相信詩中有什麼明顯證據毀謗太皇太后，但他確也不甘心就讓蔡確太輕易就能脫罪。他心裡可能還有點氣：他被貶到窮鄉僻壤，蔡確還在南京閒居，這也太寬容了吧？因此他也上了〈論行遣蔡確劄子〉，提出了他的建議與做法。

仔細看這篇文章，可以得出兩個結論。簡單地說：一，他並不想害死蔡確；二，他只想讓蔡確也經歷一下自己在「烏臺詩案」中的惶恐與不安而已。也就是：他認為應該把蔡確打入監獄進行徹底的調查，最終無罪赦免。（有沒有很像他自己經歷過的事呢？）只想把自己的苦，讓當初的加害者蔡確也去品嘗一下吧。

蘇東坡從正反兩面說到蔡確的處置原則，一是：「若朝廷薄確之罪，則天下必謂皇帝陛下見人毀謗聖母，不加忿疾，其於孝治，所害不淺。」為了杜絕毀謗和閒言閒語，不能放過蔡確。另一方面：「若深罪之，則議者亦或以謂太皇太后陛下聖量寬大，與天地等，而不能容受一小人謗怨之言，亦于仁政不為無累。」也就是說，若是責罰太重，又會傷害太皇太后的寬大仁政，認為您連一個小小的毀謗都不能寬容也不好啊。所以蘇東坡提供了一個「雙贏」之法，先以皇帝之名下令讓蔡確進監牢，司法審問，再由太皇太后下詔來赦免蔡確。

太皇太后盛怒之下，他並沒有為蔡確辯論，沒有完全以德報怨，但他建議的方法，其實還是可以看出他仍有仁慈之心。

蘇東坡的建議比較像一個劇本，讓皇帝和太皇太后一個扮黑臉、另一個扮白臉，合演一齣嚇嚇蔡確的戲。也許也想警告那些還沒心死的新黨之人。學者張忠智寫過〈蘇軾的報復美學〉一文，很生動地形容蘇軾想出這個點子時，心中一定也很佩服自己能夠想出這麼好的辦法。這在儒家叫做「以直報怨」，通俗的說法是「以牙還牙」，但終究還是不想傷仁害義。

但他低估了太皇太后對蔡確的厭惡之心。將蔡確貶到愈遠愈好，是太皇太后自己的意思。太后為什麼要下重手？《宋史》上有載，高太皇太后曾在元祐六年（1091）跟大臣陳述了這樣的意思：「讓兒子繼承父親的位子，天經地義，有什麼好說的？蔡確當時卻搧風點火製造事端，想要混亂朝綱。我不忍心明白說出他做了什麼，只是託毀謗之名把他放逐罷了。」太皇太后所「不忍明言」的事，應該就是在擁立新皇帝的繼位上，蔡確和太后的高家姪子所生糾紛的那些事情。而蔡確在朝中的確很沒人緣，朝臣在他外放後還在罵他，因為他當時從自知制誥一路升到御史中丞、參知政事，都是以「興獄」來奪走別人的位子給自己做。這個因，也是蔡確自己埋下的。

但最後太皇太后和蔡確的衝突並沒有以雙贏賽局結束，保守派梁燾、劉安世等支持詩案成立，蔡確被貶至英州別駕（廣東英德）、新州（今廣東新興）安置。呂大防和劉摯還算有良心，曾以蔡確之母年老，嶺南路遠，請改遷他處。但高太皇太后說：「山可移，此州不可移。」鐵了心，案子就這樣定了。當時，將一個曾經位極人臣的士大夫流放到嶺南瘴癘之地，可是開了先例，之前沒有這麼嚴苛的。

元祐八年（1093），蔡確病死於新州。

《宋史》將蔡確列入〈奸臣傳〉，有人認為很不公平。他曾經害過人，也被害，他的確曾經想為國家做些事，但也有採取過一些「非常手段」來排除異己。這樣，算奸臣嗎？

人總是有缺點的，就看是瑕不掩瑜，還是瑜不掩瑕。我不想妄下論斷，只想陳述歷史上的客觀證據。人固然都有自己的喜好，但若不分青紅皂白選邊站痛批先賢，和因為太喜歡一個人就為賢者諱，都不是客觀態度。

當時，蔡確和章惇是新法重要代表人物。蘇東坡這麼想處理蔡確，章惇應該感覺心寒。

後來處置蘇東坡，讓他一路被貶到嶺南，又被外渡到海南島，也依循著處罰蔡確的殘酷路徑。

這種流放，在當時就屬活著的死罪了。

蘇東坡一定也懷疑，他的官位不算高，怎麼老是他最慘呢？他的最高官位還不如弟弟蘇轍。一直被當標靶，可能有幾個原因。比如：有代表性的都比他早走，司馬光任相不到一年即離世，誰想迫害他也無機會，只能禍延其「支持者」。

宋代不像武則天時可以「自在」地把人家祖墳挖出來搗爛或鞭屍，那太不文明了。看看後來報復方法：宋徽宗和蔡京（很不幸的，他和蔡確同是福建人，而且是同宗）聯手刻的「元祐黨人碑」，把那些「前朝保守派壞人」都刻在碑上，讓大家永誌不忘，子孫也永不錄用：包括曾任高位的司馬光、呂公著、范純仁、呂大防、文彥博、劉摯、蘇頌……蘇東坡的官位只能排在第二檔首位，但他卻是活罪最難逃的一位。被特別對待，推想來還是因為蘇東坡最有名，整他最有代表性。關鍵點還在於，蘇東坡扎扎實實得罪了一個不可忽略的人，也就是他曾經最好的朋友、後來變成了他最壞敵人的章惇。

章惇（1035–1106）成為宋哲宗時的宰相，輔佐皇帝重新往他父親神宗的理想前進。

他本來和蔡確一起擔任神宗時期的左相和右相，後來被彈劾出京。那個時候蔡確已經被外放了。他留在朝中，應該也知道自己沒有太多日子可待，卻還是為著新法存廢理直氣壯地爭辯著，可以見得他的性格：沒在怕。

章惇和蘇東坡本來有著深厚友誼，兩人是嘉祐二年（1057）同一榜的進士，年紀相仿。不過，章惇後來雖中進士，還是決定這次不算，重考！因為在這次禮部廷試中，章惇有個族姪章衡（1025–1099）太優秀了，榮獲狀元；章惇落在「晚輩」之後，憤憤不平，質疑考官批卷子有問題，自願放棄功名，寧可又考了一次。

這事你一定覺得莫名其妙，算算章衡年紀，雖然輩分比章惇小，但年紀畢竟還比他大十歲。你說，章惇是有氣節還是自尊心過強？還是……基本上他覺得章衡才華比他差，竟然拿了狀元，讓他回家不好看？

這是膽識，還是好面子？是太看得起自己、還是太愛比較，還是……看不得人好？

總之，不是一般人性格。這樣的人，自尊很高、愛恨分明，也一定記仇。

章惇和蘇軾真正的交往起始於章惇被派任商洛令、蘇軾第一次當鳳翔府節度判官時。這兩個地方都在陝西，相當接近。他們在任內一起被邀請參加長安舉行的鄉試試務工作，兩人變成了無話不談的好朋友。

好朋友，趣味相投未必要個性相同。有兩個傳說，說明兩人性格大不同。

一是，二人一同遊山玩水，到了南山的仙游潭，有一個地方，雙峰對峙，之間只有一根獨木橋，下有淵深萬丈。蘇東坡一看驚呆，懼高怕死不敢前往；章惇則面不改色，跨過木橋，而且用藤蔓當繩索，一頭綁在樹上，一頭纏住腰，然後拿著筆蘸墨汁在石壁上寫著：章惇、蘇軾到此一遊。（這一點我實在有點懷疑，寫石壁用墨汁，怎麼磨墨？就算帶著磨好的墨水，蘸筆書石恐怕也沒那麼方便吧。這故事應屬宋人筆記編派，合理性可疑。）

章惇的膽子比蘇軾大很多。蘇軾看到章惇耀武揚威地又回到對岸來，用手拍拍章惇肩背感嘆：「子厚（章惇字）必能殺人！」章惇問：「為什麼這樣說我？」蘇軾解釋說：「敢這樣拚命的人，就一定敢殺人！」

章惇聽了，哈哈一笑。

又有另一個傳說。說兩人在山寺裡喝酒，有人說附近有老虎下山。兩個人都喝得醉茫茫，抱著傻膽就騎馬去找老虎了。果然找到老虎，離老虎一段距離，馬就不肯前進。蘇軾酒醒了，說：「我們還是回去吧。」章惇不怕，拿了準備好的銅鑼用石頭猛敲，把老虎嚇跑了。後來章惇得意洋洋地對蘇軾說：「你這人膽子小，將來肯定不如我。」蘇軾不是個會跟人爭勇的，應該也是哈哈一笑。（你認為這個冒險故事真的合理嗎？）

章惇的商洛令任期期滿，要離開陝西，也曾經到鳳翔拜訪蘇軾。蘇軾盡地主之誼，招待章惇遊山玩水，留下不少詩文。可是兩個朋友的政治想法不同，到底還是要分邊站。宋神宗元豐二年（1079），章惇追隨王安石變法，升任翰林學士，為皇上草擬詔書，那年蘇軾任密州知州，兩人還常有詩詞唱和。不久變法派內部也起了矛盾衝突，朝中風波多，章惇被人彈劾後出任湖州。此時兩人都任地方官，蘇軾和章惇常常寫詩唱和，期待將來一起到宜興（古稱陽羨，也就是蘇東坡離開黃州後一直想要買田終老的地方）退休終老：「他日扁舟約來往，共將詩酒狎樵漁。」

兩人感情，雖然不能說如膠似漆，但堪稱知己，氛圍也該稱得上是如詩如畫。在密州的蘇軾曾回〈和章七出守湖州二首〉，其中有「早歲歸休心共在，他年相見話偏長」，還提醒著章惇，我們退休之後要一起過詩酒人生、好好聊天啊。

「烏臺詩案」發生後，蘇軾被御史臺一群烏鴉咬得遍體鱗傷，基本上是時任宰相的王珪所主導。之前，我們說過這個故事：當時重返朝堂擔任翰林學士的章惇，在神宗面前反駁王珪，為蘇軾仗義執言。王珪列舉蘇軾〈檜詩〉「根到九泉無曲處，世間惟有蟄龍知」的句子，說：「陛下飛龍在天，軾卻以為你不懂他，而求之地下的蟄龍，這不是目無君上，是什麼呢？」神宗不是傻瓜，說：「詩人之詞，怎麼可以這麼解釋？他詠檜木，關朕什麼事？」王珪一時說不出話來。

退朝後章惇繼續質問王珪：「你是想讓蘇軾家破人亡？」王珪推說是舒亶告訴他的。章惇還直接譏諷王珪：「舒亶的口水難道可以吃嗎？」對於王珪此舉，章惇很不服氣，曾批評這位長官「想要害人，真是無所忌憚，什麼都說得出來！」多虧章惇在旁邊辯駁，所以後來蘇軾才無性命之憂。

蘇軾被貶到黃州後，不久就收到章惇表達慰問之情的信。蘇軾十分感激老友的慰問，在回給章惇的書信中讚美他：「子厚奇偉絕世，自是一代異人。」他也認為，章惇在大家落井下石時，還這麼敢挺他，此種膽識，一定會出將入相。這段時間，很多官員怕被牽連都避之唯恐不及，章惇卻還會寄藥物及生活物資給蘇軾。

什麼時候從最好的朋友變成最壞的敵人呢？

高太皇太后垂簾聽政，重新起用舊黨人物，蘇軾得以回到朝廷，這是蘇軾仕途中最為風光的七、八年，也是章惇最不得意的那些年。這個期間，友誼漸漸變質。

起初，蘇軾還當和事佬調停章惇和司馬光。太皇太后攝政初期，章惇由右相改為執掌樞密院，也就是最高軍事長官。當時新、舊兩派人士，還在為新法的存廢激烈交鋒。司馬光口才不是章惇的對手，章惇的激烈言詞常常讓司馬光很尷尬，蘇軾還企圖緩和關係，替他傳話給章惇，勸他不要當眾羞辱前輩，章惇也儘量聽了，態度稍好一些。兩人關係並未破裂。

話說司馬光當宰相之後，廢除新法的詔令一道又一道。變法派人士紛紛外放了。章惇也被舊黨圍攻，攻擊他的用語也都很刻薄，被列為新黨罪大惡極的「三奸」和「四凶」之一。

章惇可能認為，蘇氏兄弟恩將仇報，是他落馬又入泥的推手。

章惇最不能原諒的，應該是蘇氏兄弟也加入了對他的攻擊行列。元祐元年（1086），剛接任右司諫的蘇轍上了〈乞罷章惇知樞密院狀〉，批評了章惇和司馬光在太后面前爭論時態度無禮，又說他阻撓了「免役法」的廢止及傳統差役法的進行，希望罷免章惇的軍事長官職務。

這個奏章是蘇轍寫的，也許你會問，關蘇東坡什麼事？章惇有恩於蘇軾，和他感情這麼好的弟弟，卻來罷免他？即便蘇轍上奏章前，蘇軾不知道，但在蘇轍上表之後，蘇東坡也沒有為章惇講話，在章惇看來，這不等於是幫凶嗎？

其實蘇轍這個奏章寫得有些奧妙。這件事情，導因於司馬光廢止新政的「免役法」，改回傳統「差役法」，產生不少弊端，彈劾的竟然不是司馬光，而是曾經氣呼呼阻止司馬光廢「免役法」的章惇。章惇一定感到憤恨難平。事實上，蘇東坡本也反對廢止「免役法」，不是還氣呼呼偷罵司馬光比牛還頑固嗎？可是，蘇東坡此時裝聾作啞。

蘇轍的彈劾讓章惇在幾天後就被貶為汝州知州。在章惇已出知汝州後，蘇東坡竟還補上一奏。在〈繳進沈起詞頭狀〉之中，說新黨等人，包括章惇在內，附和王安石謀求邊功，導致朝廷巨大軍事損失，兵連禍結，死者數十萬人……這些人隨意激起邊區戰爭，後來吃了敗仗。雖不是針對章惇，但文中提到章惇「招降五溪邊民」的事情，本是章惇的得意功績。蘇軾在黃州時，曾寫詩給章惇讚美他「功名誰使連三捷」、「近聞猛士收丹穴」，這回竟然出爾反爾給予負面評價。這算不算是「落井下石」呢？沒太久，章惇又被貶為「提舉杭州洞霄宮」，從樞密院大臣一下子跌落為一個閒人。章惇曾因此作詩自嘲道：「洞霄宮裡一閒人，東府西樞老舊臣。」

蘇東坡提到章惇涉及的軍事行動，或許是出自於後來的反省，因為這些神宗時期邊區戰事，當時看來是威武凱旋，蓋棺定論來看是錯誤策略，而且還害死了很多人。

你也未必能夠說他前後不一。很多事情，當時輿論和後來結論是不一樣的。

然而在章惇心中，蘇東坡應該已經從好朋友變成一個「小人」！

之後，章惇在哲宗時鹹魚翻身，當了七年宰相，成為蘇東坡最可怕的敵人。

流離的序曲

這次第，怎一個恨字了得？

章惇為什麼這麼記恨蘇東坡，一步一步將他逼向沒有光的所在？許多學者都分析過，但都不可能完全了解章惇的心理運作。人心莫測，一個人的心理暗流到底如何運作，有時候連自己都不明白。

蘇東坡不是章惇被貶的主要加害者。其實在司馬光回朝之後，變法派的人應該明白，章惇遲早就是要外放的。章惇與司馬光之爭，並不只是為了自己。他極精明，不是個不明白時勢的人，雖知朝中遲早待不下去，但他竟還敢在太皇太后面前，為了「免役法」爆粗口，揚言跟司馬光來個單挑如何……這當然很不禮貌也不會看臉色，司馬光是前輩，也是太皇太后信任的人，但這證明了此時的章惇為了自己的執政理念，不想讓新法盡毀，不顧一切。他並沒有因此想要討好保守派，苟安於朝廷。

說章惇是小人未必公平，但說章惇不是小人，也未必。得勢之時，他也心狠手辣。

他的貶官，蘇氏兄弟雖不是直接推手，但他後來鳳還巢之後對蘇東坡的加害，是一招比一招狠辣，就是要這位昔日好友永劫不復。

其實在元祐年間，蘇東坡對章家仍有恩德。章惇的兒子很優秀。章惇兩個兒子章持、章援，在元祐三年（1088）成為進士，主考官是蘇東坡；章援排名第一，章持第十。

所以在蘇東坡人生最後幾年，太后想再啟用保守派，蘇東坡有機會從海南北返時，剛好章惇被貶雷州，由章持曾經寫信給蘇東坡為父親緩頰，怕蘇東坡回到朝中時又展開報復（不然，為什麼早不寫呢）；蘇東坡還回了信，裡頭誠懇地說：「某與丞相定交四十餘年，雖中間出處稍異，交情固無所增損也。聞其高年，寄跡海隅，此懷可知。但已往者更說何益，惟論其未然者而已。」從海南島回到本土的他，承受過那麼多苦難，連陪他的人都在謫居時紛紛病故，他自己也是九死一生。想想章惇在他貶謫黃州時還會送藥來；但在他貶謫惠州及海南島時，送的可都像「毒藥」。然而，蘇東坡給章惇兒子的回信，卻半點幸災樂禍的話都沒有。他承認之前是曾因為政治問題看法不同而有不合，但不損及友誼；過去都過去了，說了沒用，能努力的只有未來了。信中反而殷切地聊到章氏兄弟如何孝養。如此對待想讓自己死的人，是人格的最好說明。

這是後話了。

在蘇東坡外放定州之前，朝中大臣已經意識到哲宗親政後國事將變，保守派必是首當其衝的受害者。蘇東坡去定州當知州，是元祐八年（1093）高太后去世時就定下來的。在哲宗親政的同一個月，蘇東坡出京前往定州。表面風光，但內心不可能沒有忐忑，他給弟弟的詩中寫著：「今年中山去，白首無歸期。」

定州是大宋邊陲，北臨契丹，軍政任務重大。

蘇東坡沒閒著，一到定州就開始忙碌。他的治州方針，除了一貫的「振興經濟，關注民生」的原則外，又多了「整軍經武」。

蘇東坡在當地方官方面也是個能臣。在政事上，不管是不是他熟悉的業務，他從來沒有糊弄過。他眼中的定州，軍政腐敗、兵餉很低、軍營破爛，官兵們的專長在於貪汙盜竊、酗酒賭博，士兵毫無戰鬥力，萬一契丹哪一天又入侵了，肯定死的死、逃的逃。

他整頓軍紀，約法三章，管制紀律，懲罰偷盜、賭博、酗酒，向朝廷申請專款，修繕營房，官兵們不再住乞丐窩裡。

蘇軾被貶黃州時為副團練使，不過是虛銜，這裡他還真的開始民間團練了。他組織了民兵自衛隊，讓各村年輕人「帶弓而鋤，佩箭而樵」，也就是武裝生產。若有敵情，擊鼓相召，自動集結。

又為了安撫百姓，明令禁止官員徵收苛捐雜稅，兩次上奏朝廷「糧米減價」和「開倉貸米」，讓定州五萬飢民度過荒年。出身農家的他還開發兩千多畝水地引進稻種，教人民種稻技術，希望定州以後也能有千頃碧綠稻田。也在當地記錄人民插秧時唱的秧歌，稍加改良，增加農忙時的娛樂。

大塊假我以文章，蘇東坡不管到了哪裡，都有文學靈感源源不絕，工作娛樂並重，訪查民情時，仍不忘拜訪定州山水。

不過，不管蘇東坡在定州政績如何，命運無可挽回。從王安石變法之後，朝廷上只有黨派，沒有是非，做出什麼不重要，選哪邊站才是重點。不管新、舊黨誰當權，都希望把另外一邊剿滅。朝中之爭，比外患嚴重，而改來改去的法令，對人民的傷害，以及對國力的削弱，比外患帶來的痛苦更多。

改來又改去。變法派再起，章惇、曾布當權，恢復王安石變法中的「保甲法」、

「免役法」、「青苗法」。哲宗當政次年，改元「紹聖」，立志紹述他父親神宗的未完成使命。

在蘇東坡南貶的路上，章惇開始發揮他的報復力。元祐九年（1094），他接到改任英州知州（廣東英德附近）的詔令。但走到半路上，詔令又改，有人認為對蘇東坡處理太輕，把他的「端明殿學士兼翰林侍讀學士、左朝奉郎……」頭銜降為「左承議郎，仍知英州」。

這還沒結束。朝廷有人又覺得懲罰太輕，在蘇東坡赴英州的途中，知州這個還算嶺南大官的職位取消了，再貶為寧遠軍節度副使，惠州（廣東惠州）安置。官愈來愈小，地愈來愈遠，又像當時被放在黃州安置一樣，等同於一個被管束的罪官。惠州比英州更遙遠、更晚開發，更加荒蕪。

這個待遇，只比派人在路上暗殺你好一點。

蘇東坡文名遠播，聽說他要「下來」，一路上有不少縣令景仰他的大名，沿路歡迎。蘇東坡一向不擅長理財，一大家子也不好跟他一起下放。蘇轍此時也罷了副宰相之位，被派到汝州當知州。蘇轍家裡孩子多，早年受到哥哥牽連只能管市場，養活家人都有問題。蘇轍有三男六女，當時嫁女兒是要籌備許多嫁妝的，蘇軾甚至為了蘇轍嫁女兒，出面替他借過錢。所幸後來蘇轍在京師居高官較久，俸祿較多，花用又比蘇東坡來得撙節，在蘇東坡一路南下時，蘇轍理所當然伸出了援手，拿出了一半積蓄，讓蘇邁帶領大半家人到蘇東坡一直想去退休的宜興（陽羨）定居，靠著蘇東坡買的一點田產過農耕生活。陪著蘇東坡南貶的，是他的第三個兒子，二十三歲的蘇過。

之前貶至黃州，由蘇邁陪伴，當時蘇邁也是二十多歲的青年；二兒子身體一向不好，所以這次被貶到嶺南，換成了小兒子陪伴。蘇東坡對於耽誤兒子的青春，也因為自己讓孩子們沒法有什麼大好前程，內心一直相當愧疚。

蘇東坡之前有個侍妾名碧桃，詩文記載不多。年紀大了，跟蘇邁一起到宜興生活，只有朝雲，堅決跟隨著蘇東坡。

好不容易到了惠州。剛到惠州時，惠州百姓扶老攜幼熱烈歡迎他。惠州太守詹范文質彬彬，很景仰他，安排他在官府的接待客棧合江樓居住。但處處都有探子傳報消息，過了半個月後，「上面」降責，不許優惠蘇東坡，要他一家人搬到一切居住條件惡劣的嘉祐寺居住。

這次變法派的復甦，展開的報復又猛又急，竟然還有人上奏哲宗，說要把司馬光和呂光著的墳墓挖開、暴屍荒野以儆天下。哲宗覺得不道德，才未實行；但這少年皇帝還是把他們原先被追贈的謚號都改了，也把墓道表示尊崇的神道碑都碎毀了。

對已經過世的人如此，活著的人更在劫難逃。

變法派全部還巢，除了呂惠卿。哲宗本來還想要把呂惠卿找回來，也的確找他回京城了。不過，呂惠卿背叛恩師王安石的事，天下皆知。哲宗找呂惠卿回來之前，有位御史常安民再度提醒他，呂惠卿具有背叛型人格：「他這次回來，肯定是會一邊說著先帝一邊大哭，希望能夠感動陛下，好讓陛下把他留在京師之中。」果然，呂惠卿這麼做了，趴在地上痛哭。哲宗認為他演得太過，罷了啟用他的念頭。

呂惠卿之貶，是神宗貶的，可不是元祐時保守派貶的。這是呂氏和還巢的新黨官員不一樣的地方。

四十歲時，蘇軾曾寫過一首詩：

暮雲收盡溢清寒，銀漢無聲轉玉盤，此生此夜不長好，明月明年何處看。

當時，他和弟弟在彭城過中秋。這回到了嶺南，過中秋時這首詩又浮現在他腦海裡。想想，當時自己還算年輕，應該沒有預料到今天這種命運吧？但他還是安慰自己，既然當時不知此時命運，那麼今日雖然狀況可悲，也不知道未來是不是會有什麼喜事臨門？蘇東坡是擅長安慰自己的，他在寄給定州同事的一封信中說，自己「凡百委順而已，幸不深慮」，也就是逆來順受，還好，我想得不多。

蘇東坡能夠平安到惠州，得力於他的學生張耒在潤州當知府，派了兩個忠厚士兵陪著蘇東坡南下，並且照料他的安危。

朝中的章惇等人，在蘇東坡南貶的一路上，意猶未盡地一再改變蘇軾的命運。除了章惇，曾受他提拔的禮部侍郎林希（1035–1101）也是加害他的好手。他本來相當奉承蘇軾，之前常頂蘇東坡的缺，比如蘇東坡離開杭州時，林希接任了杭州知州一職。林希後來加入福建同鄉甚多的變法派，對蘇東坡的「報答」就是將他貶往南荒的告詞，說他「辯足以飾非，言足以惑眾」，罪該萬死，自絕於君，所以貶到嶺南去，算是一種寬容。

林希還曾替皇上撰文，以皇帝之名罵高太皇太后「老奸」，連哲宗自己想想都覺得不安，看了之後把筆丟在地上說：「這是敗壞我的名節了！」

這個哲宗皇帝年輕氣盛，雖然從沒被稱道是個聖明君主，不過，在大臣們展開瘋狂報復時，也稍微踩了剎車。這年，蘇轍貶至汝州當知州，還有人想來降罰蘇轍，皇帝自己說：「都已經貶了，可以停了。」又章惇等人本來打算讓之前的宰相呂大防再被貶，貶到嶺南，但哲宗將他改為安州（湖北安陸）。不過，哲宗身邊的人並沒有放過這位個性質樸的老宰相，紹聖四年（1097），再貶到循州（今惠州市）安置，走到了江西，呂大防就過世了。有人說是病逝，也有人說是酒後自戕而死。臨死前對陪著他南下的兒子呂景山說：「我沒辦法再往南邊去了，我死了，你就可以回鄉去。這樣我們呂氏還留著一縷香火，如果我們一起到那瘴癘之地去，可能兩個人都回不來。」

如此這般，看看章惇得勢的時候，如何的威風八面。就算是林希等同僚所為，章惇也都是點了頭的；當然，不能只說章惇，這些都是哲宗自己點了頭的，二十出頭的他，在學會治理國家之前，先學會攪動鬥爭的腥風血雨，將他眼中的「老人」痛整一番。高太皇太后看似努力教育孫兒，得到的是反效果。教育，真的沒那麼容易。

蘇東坡曾在此時寫文章形容自己是「掛鉤之魚」，形容得貼切，他的生死已經不是他自己所能操控的。

蘇東坡到惠州的第二年，一個親戚來到惠州當「提刑」——代表國家的巡案大臣。這個親戚就是蘇洵因女兒八娘之死宣布絕交，已與蘇家絕交超過四十年的蘇東坡姊夫程之才。

之前提過蘇洵與岳家絕交的事。蘇東坡的姊姊八娘，十幾歲時親上加親嫁給程之才，沒有多久就過世了。如何過世，細節不明，總之，八娘生前在夫家過得很不愉快。明明公公是母親的親兄弟，又嫁到另一個書香世家，卻導致這個結果，實在出人意料。按蘇洵的說法，八娘過世（可能是病逝，也可能是輕生）是因為程家疏忽、程家待她不好、程家有各種見不得人的問題。蘇洵的個性比他兩個兒子還剛烈許多，宣布與程家絕交。現在派了一個可能是仇家的人當巡按大臣來嶺南巡視……很多人都認為這是一個「借刀殺人」的大陰謀。

如果這原來是一個陰謀，那麼，必然是要了解蘇東坡家庭關係、私交好的人才知道的。章惇應該明白。程之才（生卒年不詳），蘇東坡同鄉、表兄、前姊夫，也是仁宗嘉祐年間的進士，他來到這裡探訪自己這麼一隻鉤上之魚，蘇東坡也很膽戰心驚，先寫了信探問，從程之才回信中知道他並無惡意，一顆懸著的心才放了下來。

程之才回信說：「我們已經四十多年沒見面了，對於過去曾有的誤會，我仍然耿耿於懷，希望有彌補的機會。」看來，程之才始終認為蘇洵宣布絕交源於誤會。蘇洵宣布斷交，讓誤會一直沒有解釋的可能，程家在家鄉也背了罪名很久了。

程之才來到蘇東坡住的嘉祐寺來找他。兩人化解前嫌，若說要程之才來當巡按，想整蘇東坡，是章惇的陰謀，那麼，程之才應該沒有辦法回去交差才對。

程之才有意化解兩方恩怨，還讓蘇東坡搬回比較舒適的合江樓居住。不過蘇東坡還是在合江樓和嘉祐寺間搬來搬去，年餘才遷入位在白鶴峰的新居，蘇東坡手頭很緊，整修這新居花的錢，多半還是弟弟、朋友們的支援。建造新居的蘇東坡，本以為自己會在惠州終老，誰知章惇後來還是覺得他被貶得不夠遠。

蘇東坡在惠州，仍然做了不少事。如出資、募捐助建東新橋和西新橋，推廣農業技術、解決駐軍占用民房問題，設放生池，習醫煉藥，企圖解決瘴癘問題。因為沒太多事做，他時而和道家朋友們煉丹打坐。他也忙於種菜，自耕自食。在此他繼續發揮美食家天分，用桂花釀酒。寫了〈煨芋帖〉，讚美惠州的芋頭美味。對於他自己種的菜，他則形容是「芥藍如菌蕈，脆美牙頰響，白菘類羔豚，冒土出蹯掌。」菜呀、菇啊被他寫得都有靈魂了。關切四時變化，每天都看著園中菜蔬長大，看似化解了鉤上之魚的哀愁。

正如蘇東坡所說的，他想的不多。也不是想得不多，他要自己不要多想。因為命運不是他可以掌握的。那又怎麼樣呢？古今人類誰又曾真正掌握過自己的命運？既然沒有辦法改變什麼，那麼有一些「小確幸」也是極好的。

嶺南偏鄉，但荔枝甚為甜美，不如好好享受一番。產季來臨，他每頓飯都吃荔枝配飯，曾經這麼寫：「羅浮山下四時春，盧橘（枇杷）楊梅次第新，日啖荔枝三百顆，不辭長作嶺南人。」

自我安慰，是被貶之官最難得的專長。

雖然無入而不自得，生活倒也悠閒如意，但是仍有難忍的生離死別，在未來默默等著他接受。

去似朝雲無覓處

被貶到惠州的蘇東坡，幸運的是還有佳人與佳兒相伴。

蘇東坡的繼室夫人王閏之去世之後，朝雲擔起了主婦的職責。

王朝雲（1063–1096）在進蘇家門當侍女之前，本來沒讀過什麼書，在蘇家耳濡目染，也變得漸通文墨。天資聰穎的她成為蘇東坡的紅顏知己，明知被流放到嶺南瘴癘之地，凶多吉少，仍然一心願意跟著到惠州來受苦。

朝雲懂得蘇東坡個性。在京城時，有一天下朝之後，蘇東坡吃飽了飯，摸著肚子在家中慢慢行走，問旁邊侍女們：「你們來說說，我這肚子裡裝的是什麼？」蘇東坡身材瘦削，卻有個大肚子。

一個侍女說：「您肚子裡都裝著好文章。」又有一個侍女說道：「您一肚子都是超卓見識。」只有朝雲笑說：「蘇學士有一肚皮的不合時宜。」聽了這話，蘇東坡捧腹大笑。

朝雲本為杭州樂妓，十二歲就到蘇家當侍女。宋朝士大夫將蓄妓視為風雅，朝雲會彈琵琶，在蘇軾日子好過的時候，也擔當歌姬之用。自從進入蘇家門，她的命運就隨著蘇東坡流轉。蘇東坡貶到黃州、惠州，朝雲都跟著。十九歲，在黃州成為蘇東坡的侍妾。蘇東坡的夫人和兒子們，和朝雲的感情也很好。朝雲學佛，與蘇東坡謫居黃州四年時常與佛印禪師及繼連大和尚往來有關。

記得蘇東坡那首充滿嘲諷意味的洗兒詩嗎？朝雲為他生下的兒子遯兒滿月之時，習俗上要為嬰兒進行洗身儀式，貶居黃州的蘇東坡，留下〈洗兒詩〉自嘲：「人皆養子望聰明，我被聰明誤一生；唯願孩兒愚且魯，無災無難到公卿。」

本來都要除罪回京了，不到一歲的遯兒卻在前往金陵的路上，因病在朝雲懷裡嚥下最後一口氣，蘇東坡和朝雲都悲痛萬分。蘇東坡認為是自己的業障太多，害了孩子；〈悼兒詩〉中有「歸來懷抱空，老淚如瀉水」，直白地寫出他的心中之痛。喪子之痛讓當時的他不因被解除看管而喜，他不想做官、不想回朝，只想到常州去養老。

他有另一首懷念遯兒的詩，：「吾年四十九，羈旅失幼子。幼子真吾兒，眉角生已似。未期觀所好，蹁躚逐書史。搖頭卻梨栗，似識非分恥。吾老常鮮歡，賴此一笑喜。」這個幼兒的出生，曾為他帶來喜悅，為他貶居在黃州的生活帶來一抹鮮活光亮。只可惜，留不住。他喜歡的，老是留不住。想要歸隱，又不能如願，一紙詔令還是把他召回京師，一回京師又是各種攻擊紛湧。

紹聖元年（1094）秋天，蘇東坡初到惠州，寫了一首〈戲贈朝雲詩〉：

不似楊枝別樂天，恰如通德伴伶玄。阿奴絡秀不同老，天女維摩總解禪。
經卷藥爐新活計，舞衫歌扇舊因緣。丹成逐我三山去，不作巫陽雲雨仙。

這首詩用了很多典故：朝雲能歌善舞，就好像白居易家歌姬樊素一樣；深情款款，就像是常伴劉伶玄的樊通德（劉伶玄，漢朝人，曾任淮南丞相、江東都尉，相傳是著名的《趙飛燕外傳》一書作者，相傳此傳是依據他的妾樊通德口述寫就，樊通德曾擔任趙飛燕侍女），白髮紅顏，兩個人年紀差很多，但在文學上很談得來。阿奴絡秀不同老：比喻朝雲為他生了兒子，但兒子卻夭折了。這裡用典故，不直接寫，也有深意在，怕朝雲又傷了心。阿奴是李絡秀的兒子，晉朝人，《晉書・列女傳》說，絡秀不顧阻力嫁給心上人周浚，周浚後來很有出息封了侯，生了三個兒子，小兒子周謨，小名叫作阿奴，三兄弟後來都在東晉做了大官；不過，三兒個性差異很大，小兒子雖然沒啥特別才華，個性最為平和，後來守在母親身邊的，只有小兒子。朝雲生子早夭，蘇東坡以「不同老」來寫這段傷心往事。

王朝雲一心學禪，蘇東坡把她比喻為天女維摩，說她已經通曉了佛學大義。到了惠州之後，讀經和熬藥，變成了她在惠州生活的重要部分。熬藥，也是為了蘇東坡。熬藥煉丹，是蘇東坡在惠州的生活重心，朝雲還是認命地以他的樂趣為樂趣。

末尾蘇東坡說出了夢想：一旦仙丹煉就，朝雲就將隨他一起赴傳說中的蓬萊、方丈、瀛洲去，就不會再如巫山神女那樣為塵緣所羈絆。

在這麼困頓的老年，有朝雲在旁，蘇東坡還有幻想。

蘇東坡為朝雲寫的詩詞最多。到惠州的第二年，五月四日，朝雲生辰，蘇東坡也寫了作〈殢人嬌・贈朝雲〉詞，用「好事心腸，著人情態。閒窗下、斂雲凝黛。明朝端午，待學紉蘭為佩。尋一首好詩，要書裙帶」來形容朝雲的情態。這是一個在艱難命運中，還很認真讀書、學佛的善良女子。

就跟蘇東坡前後兩位夫人一樣，朝雲沒有等到蘇東坡煉好他的丹藥，無法和蘇東坡走到最後。惠州有颱風、有洪水，也有瘟疫，當時人對這些自然災害，無法防範，只憑運氣。紹聖三年（1096）七月，朝雲到惠州不到兩年就因為一場襲擊惠州的瘟疫，失去了性命。那時候她虛歲才三十四。彌留之際，她念著《金剛經．六如偈》：「一切為有法，如夢幻泡影。如露亦如電，應作如是觀。」

蘇東坡將她葬在惠州西湖南畔棲禪寺的松林中，並為她寫下〈墓誌銘〉，讚美朝雲：「敏而好義，事先生忠敬若一……浮屠是瞻，伽藍是依。如汝宿心，唯佛是歸。」

朝雲過世的那年冬天，蘇東坡又以〈西江月〉悼念她：

玉骨那愁瘴霧，冰姿自有仙風。海仙時遣探芳叢，倒掛綠毛么鳳。
素面常嫌粉涴，洗妝不褪脣紅。高情已逐曉雲空，不與梨花同夢。

他懷念著朝雲的清新容顏，寧願想像朝雲已經成仙去了，只留自己在塵世哀傷懷念。

朝雲死後八年，蘇東坡又寫了〈朝雲詩〉悼念，中有「傷心一念償前債，彈指三生斷後緣」，他認為自己與朝雲的緣分來自前世，一想到朝雲，只能努力寬慰自己，朝雲已逝，情債已還，擺脫情緣之苦。畢竟他欠她的，實在還不了。

蘇東坡以為自己大概就要在惠州終老了，他寫了百首「和陶」詩訴說自己對農耕生活的嚮往。程之才離開惠州後，他不好再住在惠州的官舍裡，就在惠州覓了塊坡地，監造了白鶴峰的房子，供一大家子安居，自比於陶淵明，種菜、種果樹，不過，就在新居建造完成的兩個多月後，一道命令，又讓蘇東坡的退休夢粉碎了。

章惇此時權力甚大，掌握朝臣的貶謫大權。紹聖四年（1097），他又讓哲宗下了一道詔令，再度降罪高太皇太后啟用的諸大臣。這些大臣早已遠離朝堂，如果還活著的話都已年邁了，他卻執意讓他們貶得更遠，當時曾為相的呂大防與劉摯、范純仁等，還有范祖禹、劉安世……都再度被貶到蠻荒之地，才造好房子打算在惠州終老的蘇東坡，被「加」貶到雷州；後來又追加了一道命令，直接貶到雷州隔海的海南島去了。

呂大防在半路上過世。范純仁已雙目失明，一句話也沒吭就上路，路上還遇到船隻翻覆，所幸撿回一條命。蘇轍也被貶過嶺南，蘇東坡被貶得最遠。

又是傳聞。蘇東坡會這麼倒楣，是因為有首詩傳到京都，詩名〈縱筆〉：「白頭蕭散滿霜風，小閣藤床寄病容；報道先生春睡美，道人輕打五更鐘。」明明說的是

「白頭」與「病容」，偏偏章惇在意的是「春睡美」。章惇驚覺仇家蘇軾竟然還過得這麼逍遙自在，於是又下了一次狠手！

貶官的日子不容易，被貶路上的盤纏還要自己負責。這幾年在惠州，蘇東坡連貶官的薄薪都沒領到，白鶴居的打造也花光了所有積蓄，蘇轍也接到貶謫令，沒有能力再金援兄長。蘇東坡只能寫信請惠州官員好友幫忙，把之前三年未撥下來的糧食配給券發給他，讓他到市場上變賣換旅費。

好心幫忙他的官員，不久就被究責彈劾。只要幫過蘇東坡的，都會被秋後算帳，可以見得朝廷的確有人跟他過不去。

此時，長子蘇邁本來接到嶺南當縣令的任命，也因為父親的緣故，連縣令都做不成，只能攜家帶眷到白鶴峰居住，又是小兒子蘇過護他渡海。離別那日，全家抱頭痛哭。蘇東坡認為自己年紀那麼大，又被趕到蠻荒之地，此生應該沒有可能再回來的希望。

渡海前夕，知道蘇轍被貶到雷州，離他很近，他終於可以繞路去看看四年未見的弟弟。「誰言瘴霧中，乃有相逢喜！」握著弟弟的手，他仍然在苦中作樂，從容以對。

記住人生中最亮的光，而不是一直注視著黑暗面，是蘇東坡的特長。他和蘇轍一起在路邊賣湯餅的小攤子一起進餐，蘇轍覺得這餅是他吃過最難下嚥的，放下筷子嘆息，蘇東坡卻把自己的那一份大口吃個精光。蘇轍不可置信於哥哥的好胃口，只見哥哥笑著對他說：「弟啊，像這樣的東西，難道你還要慢慢咀嚼嗎？」

蘇東坡陪著弟弟到雷州，在雷州住了四天，怕朝廷怪罪，不敢久留。而這是他最後一次見到弟弟了。

儋州，在海南島，和比城牆高的巨浪搏鬥之後，蘇東坡平安到達海南島。這時的海南島可不是度假勝地。若說惠州是瘴癘之地，儋州更加荒涼。

蘇東坡一來就生病了。他眼見的儋州是什麼狀況呢？習慣用筆記錄生活的他，形容此地生活：

天氣酷熱，溼氣很重，什麼都可以腐壞；人不耕作，沒有米、只有雜糧，男人在家遊手好閒，女人上山砍柴謀生；以芋為食，沒有正常的肉吃——除非像土人一樣吃蜜漬老鼠、蝙蝠、蜈蚣；有海魚，但蘇軾怕腥，不喜吃魚；生病也沒藥醫，土人相信殺牛可以除去病情，以巫為醫、以牛為藥。民生物資都沒有生產，他所要的紙、鹽、糖、薑等，幸虧有惠州好友遙遙寄來；和土著語言不通，連話都說不上。

還好，蘇東坡總擅長在一串悲哀的形容後吐出個「還好」，他和雷州的弟弟，還能藉來往的船隻通信和寫詩。

還好，被派來此處的長官叫張中，對他非常禮遇，也與他的兒子蘇過交上大文豪朋友。張中是進士出身，被派到南邊荒島來，竟然可以見到他崇拜的蘇東坡，相當驚喜。後來，張中也因為對他太好而被免官了。

就算沒好料，蘇東坡還是發明「東坡玉糝羹」。還自己說此羹色香味俱全，如同天上瓊漿玉液，人間肯定沒有，其實就是芋頭加上野菜做成的羹。

吃不到精緻美食，用想的也可以。他寫了〈老饕賦〉，懷念自己從前吃過的好東西：

嘗項上之一臠，嚼霜前之兩螯。
爛櫻珠之煎蜜，滃杏酪之蒸羔。
蛤半熟而含酒，蟹微生而帶糟。
蓋聚物之夭美，以養吾之老饕。
……

> 響松風於蟹眼，浮雪花於兔毫，
> 先生一笑而起，渺海闊而天高。

這些美食好茶是他想像力所烹製的一場大夢，最後一句是：

> 先生一笑而起，渺海闊而天高。

是的，畫餅充飢，多麼瀟灑。想像自己吃到了，就是吃到了啊。

章惇在哲宗年間一直大權在握。對這些老同僚、保守派，不斷下殺手。他的主要對象，除了蘇軾，還有之前提過的呂大防，以及當年保守派大臣范祖禹和劉安世。這兩人也一再被貶，范祖禹五十八歲也在嶺南貶地去世；而劉安世被貶到了梅州之後，還曾遭數度「逼死」。

劉安世（1048–1125），進士，司馬光的學生。元祐四年，劉安世奏劾了蘇軾「烏臺詩案」主謀謝景溫，不過到了元祐年間蘇東坡回朝廷時，他又成為蘇東坡針鋒相對的死對頭。

比蘇東坡小上十二歲的劉安世，與蘇東坡先後被貶。變法派的章惇，不想讓保守派死灰復燃，對於比較年輕、個性剛毅的劉安世，下手更狠。因為當時劉安世曾說章惇等人是四凶。章惇一當權，恨不得弄死劉安世，他將劉安世貶官至南安軍、英州、梅州等邊遠荒惡之地，前後流徙七年。不知哪天想到劉安世還活著，又來氣了，又派蔡京到梅州想辦法除去他。

劉安世當年被任命為諫議大夫時，曾回家稟告母親：「朝廷任命我為諫議大夫，做這官，就必須無所畏懼，直言敢諫，擔負起言官責任。但是，一旦觸怒了朝廷、權貴，說不定就會招來災禍。現在皇上以孝道治天下，我若以母親年老為理由，就可以辭去官職。您覺得我應該接受這官職嗎？」

劉安世的母親毫不猶豫地回答：「你父親生前，一直很想當這個官，可惜沒有能當上。你現在得到這個官職，就要有隨時獻身報國的決心；如果將來因此而獲罪，流放到那方蠻荒，不論路途多遠，我都跟著你一起去，你不必擔心。」劉安世接受諫議大夫這官職，命運也就決定了。

劉安世擔任諫議大夫時，常常與皇帝當廷爭辯。皇帝生氣時，他就不聲不響站在一旁。待到皇帝怒氣消了，他又繼續堅持己見。皇帝身旁的人每每嚇出一身冷汗，他卻毫無畏懼。所以有人將劉安世稱作「殿上虎」，大家都怕他。

這樣不怕得罪人的人，必然得罪很多人。他和蘇東坡得罪人的方式不一樣，但遭政敵流放也是必然的。

章惇曾叫蔡京想辦法除去劉安世。宋朝表面上說是不殺諫臣，變相做法卻很多。蔡京想辦法請人迫使劉安世自殺，劉安世就是不肯。於是蔡京擢升一個土豪當轉運判官，命令他去逼死劉安世。這位判官急速騎馬將要到達梅州，梅州守臣知其來意，派人告知劉安世。劉安世面不改色，與通知者相對飲酒談笑，並平靜地寫了幾頁信交付給他的僕人說：「我如果死了，按照信中所說去做。」回頭對客人說：「這樣，要我死也不難了。」通知者私下從僕人那裡看到，信中所寫都是被安排同貶而死的昔時同事的家事。天注定劉安世命不該絕，這土判官沒有走到二十里，因為趕路趕得太急，竟然自己嘔血而死，劉安世也就再度解危。

此時哲宗已廢掉高太皇太后為他選的孟皇后，改立自己寵愛的劉婕妤為后。章惇跟這位劉皇后說劉安世之前曾經說她壞話，大意是勸諫年輕皇帝不要太好女色，就是針對她而發。皇后想要報復劉安世，命人用囚車捉拿劉安世回京審判。然而，世情變化很快，途中二十五歲的哲宗病卒，他的弟弟徽宗即位，由神宗皇后向太后輔政。向太后頒布元祐諸臣赦令，劉安世逃過一劫。

話說蘇東坡獲赦北返時，曾經與劉安世在虔州相見。當年兩個人在朝中沒太交好，雖然同屬保守派，卻也是對頭。在一番同是天涯淪落人的漂泊之後，兩人竟放下一切恩怨，在虔州成為遊伴。

在這裡先把這位剛直之臣的未來交代一下。忌憚劉安世的人很多，他最後就算被赦免，還是沒能入朝，向太后攝政時，他成為地方官。宋徽宗時蔡京當宰相，元祐保守派又慘了，劉安世也曾被連續七次貶謫到蠻荒之地，他仍然撐到七十八歲，命是夠硬的。

那時，蘇東坡已經不在了，不然，命運也不會比劉安世好，可能在老年又因變法派的興起，三度被流放。蔡京讓元祐群臣的名字刻上元祐黨人碑，被昭告天下，他們都是惡人，子孫永不錄用。

蔡京一定沒想到：這「惡人榜」後來反而變成「好人榜」。

讓我們回到蘇東坡在儋州的生活。這是他流放生涯的最後一站。他曾說，如果你要問我這一輩子有何功勞，那麼我的功績就在黃州、惠州和儋州。

蘇東坡，一如他的本性，在這裡採藥、製墨、抄書、寫書，偶爾還咀嚼著海南島的浪漫：

半醒半醉問諸黎，竹刺藤梢步步迷。但尋牛矢覓歸路，家在牛欄西復西。

醉中，還循著牛屎的痕跡找到回家的路，也是海南島的獨特遊歷經驗。

章惇的手，仍然遠遠地伸入儋州，沒事就來整一下蘇東坡。他懲罰了曾經好好接待過蘇軾的地方官，也曾下令要他搬出官舍，於是蘇東坡和蘇過在桄榔樹（棕櫚類植物）下住了好些日子。他們曾在桄榔樹林裡蓋了幾間茅屋居住，命名為桄榔庵，人們稱之為「載酒亭」。傳說蘇東坡便在其中給漢、黎各族學子講學授業，此亭在清代改稱「東坡書院」，蘇東坡因此被尊為海南島的重要教育人物。

蘇東坡被貶到海南島，只要和他有關係的人，包括他的學生，都全部流放了。秦觀就是在被流放的過程中暑而死的。當大臣一被貶，所有有關故人的消息傳來，都不是好消息。

都貶到這麼遠了，章惇還不忘思思念念。

宋哲宗元符二年（1099），蘇東坡六十四歲了，朝中的章惇和蔡卞，更重新掀起對元祐年間保守派的整肅活動，查出與當年舊黨有關聯者八百三十家，用了釘足、剝皮、拔舌等逼供。這在宋朝可是不得了的酷刑。

政治的得勢者為了長長久久鞏固權勢，讀過什麼聖賢書都忘了，都可能不惜滿手血腥。別人的痛，反正不是痛……然而，「永遠」掌握政權，永遠都是執政者自己的想像。

一朝天子一朝臣，章惇的噩夢也來了。你怎麼對待別人，別人就怎麼對待你，一報還一報。

世事一場大夢

哲宗的死亡改變了變法派的夢想。異母弟趙佶繼位，是為徽宗。

誰都想要讓自己的兒子繼承帝位，但是哲宗自幼身體不是很好，傳說他患有肺結核。不管和誰生下子女，都養不大。

因此，受哲宗尊敬的嫡母向太后——在高太皇太后和哲宗執政時非常低調、溫良恭儉的向太后，面臨如何立儲，傷透了腦筋。向太后是神宗皇后，自己無兒女，後來選擇了對她非常恭敬的徽宗。徽宗是神宗第十一個兒子（1082–1135），時任端王，當時十八歲。向太后和章惇意見不同，章惇曾說端王趙佶輕佻，不適合當皇帝，想要推薦和哲宗同樣是朱太妃所生的簡王趙似。向太后獲勝。

神宗之後的皇帝，都是變法派，但攝政太后都偏向於保守派。向太后攝政時，以韓琦之子韓忠彥為相，韓忠彥推薦的諫官彈劾了章惇及蔡卞，換這兩人被貶出京。章惇也一再被貶，後來被發配到雷州。

蘇東坡終於獲赦北返。途中他才知道他的學生兼好友秦觀過世的消息，十分悲慟。當他到達廣州時，在此停留了一個多月，之後仍繼續按著朝廷的詔令慢慢北上。而蘇東坡到達廣州時，他的大兒子、二兒子都帶著家眷來相會，這一家人離上一次的團聚，已經有七年。

行程實在遙遠，天氣又愈來愈熱，六十五歲的蘇東坡，已經有吃不消的感覺。他曾在度大庾嶺時在一家村中小店的壁上寫著：

鶴骨霜髯心已灰，青松合抱手親栽。問翁大庾嶺頭住，曾見南遷幾個回。

——〈贈嶺上老人〉

能夠活著回來實在難得，他自己知道。

很多人都在猜測，蘇東坡、蘇轍兄弟被召回之後，會得到什麼樣的封賜。這一路許多人來拜會他，他在英州見到了當時獻給神宗〈流民圖〉、後來被流放的鄭俠，鄭俠寫詩希望他如甘霖濟眾生，蘇東坡連忙推託：「孤雲倦鳥空來往，自要閒飛不作

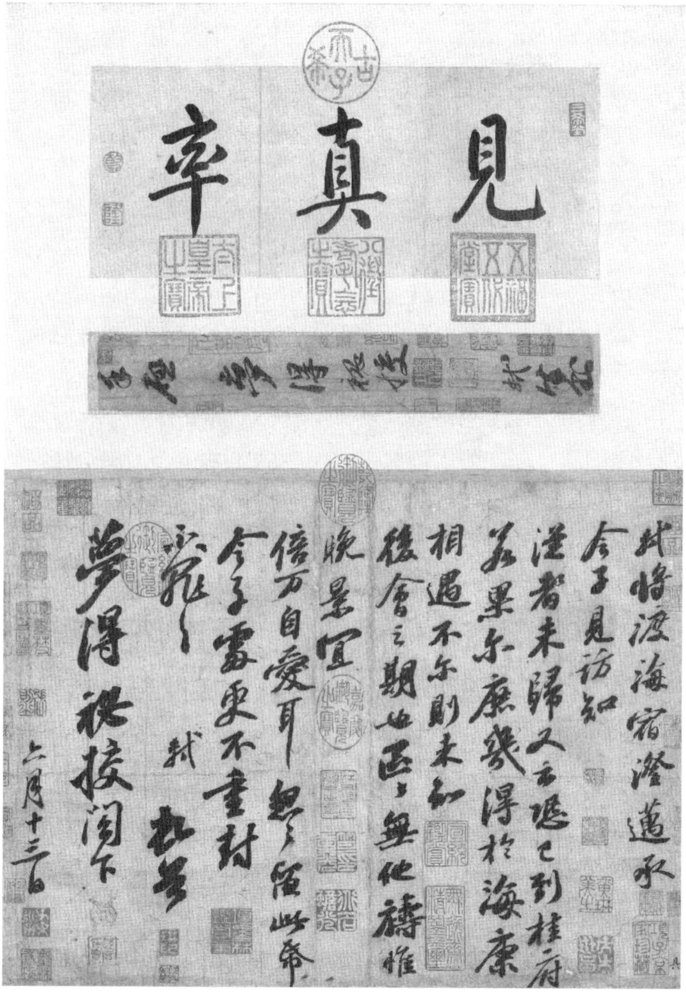

⊙ 元符三年（1100）65歲的蘇軾詔徙廉州，途中寫此尺牘予未遇之摯友趙夢得。此作又名「渡海帖」，蒼勁有力，沉著痛快，為其晚年代表作。（臺北故宮博物院藏）

霖。」代表他的心情。其實，他也不再對仕途抱任何希望。此時也並不知道，朝廷到底要讓他去哪裡。

就在此時，得知章惇被貶，其子章援寫信給蘇東坡，希望他若一返朝，不要報復他的父親。蘇東坡也回了一封平和的信，信中充滿諒解。但是對於曾是自己繼任者的林希，他就沒有那麼客氣了。本來與他友好屢屢受他推薦升官、為了前途投奔變法派、不惜對他落井下石的林希在被貶時病死在舒州（他在變法派章惇和曾布的內鬥中得罪章惇被貶職），他知道消息後，感嘆道：「林子中病傷寒，十餘日便卒。所獲幾何？遺臭無窮，哀哉！哀哉！」

小人所得不多，卻可能遺臭萬年，又何必呢？

這一路上變化劇烈，就在保守派紛紛復職或等待復職的時候，朝中局勢隨著向太后的忽然過世又改變了方向。向太后（1046–1101）攝政一年就去世了，徽宗親政。徽宗皇帝親政時，本想採取新、舊黨並立的折衷政策，除了韓忠彥，又啟用新黨的曾布為相。

徽宗建中靖國元年（1101），蘇東坡還在以船為家的漂泊路上，到了儀真（江蘇省儀徵、南京附近）。生命的最後時日，陪他的朋友是書畫家米芾（1051–1107），雖然在船上與米芾一起鑑賞古玩聊得開心，但蘇東坡也得了痢疾，病倒在床。蘇東坡的病情一直沒有好，船航向常州，百姓聽說他來，沿著運河兩岸歡迎他，但他的身體已經愈來愈虛弱了。六月十五日，蘇東坡發了高燒，把三個兒子都叫到身邊來，說：「我活著的時候不是壞人，死了應該不會到地獄去。時候到了，別為我哭，就讓我安心走。死活也只是一件小事罷了。」

雖然浙東的和尚們都來為他祈福，但蘇東坡累了。

過世前，蘇東坡還說了一個偈語，給來看他的老朋友維琳和尚。其中有一句話：

大患緣有身，無身則無疾。

其後，蘇轍將蘇東坡和夫人王閏之就近合葬在郟縣小峨眉山。

蘇轍自此隱居許州（今河南省許昌）潁水之濱，自號潁濱遺老，讀書學禪度日。不再任官是個正確抉擇，不然徽宗朝又將迎來另一波貶謫。七十四歲，在潁州安詳過世，與兄蘇東坡合葬。兄弟倆終於不再分離。

其實，蘇東坡尚未下葬前，朝廷又翻了好幾番。保守派與變法派從沒和平相處過，先是變法派的曾布取得大權，韓忠彥罷相；徽宗信任人際關係一流的蔡京，蔡京得勢又趕走了曾布，朝廷將元祐黨人名字刻在碑上，宰相以文彥博為首惡，其他大臣以蘇東坡為首惡，刻碑立於宮門。又下詔令毀掉三蘇以及范祖禹、程頤、黃庭堅、秦觀所有文集、著作與碑銘。「對事不對人」這句話在宋代從沒真正被認可過。

被蔡京列在元祐黨人碑上的「壞人」愈來愈多，後來從九十八個擴張到三百零九個。而且還命令天下州縣都要刻同樣的碑放在辦公廳裡，「永為萬世臣子之戒」。

你要相信是上天降罰也可以。崇寧五年（1106），彗星見於西方，掃把拖得很長，人們以為不祥。接著，某個夜裡，暴風雨大作，雷電偏偏就只把這個元祐黨人碑打壞了，徽宗皇帝嚇到了，立刻下詔自責，除去朝堂外的黨人碑，又廢掉才實施沒幾年的新法。接著，在與右相趙挺之的鬥爭中，蔡京落敗罷相。

蘇東坡過世後第十年，在徽宗時期，蘇東坡就平反了。傳說則十分「怪力亂神」：宋朝道士林靈素陪著篤信道教的宋徽宗出行，見到元祐黨人碑，虔誠行禮。宋徽宗問他原因。林靈素回答：「碑上所刻的這些姓名，都是天上的星君，臣不敢不行禮。」

又有天晚上，篤信道教的徽宗命令一個道士在他設置的寶籙宮為他禮拜神明，吟詠祝禱文。道士跪在地上，很久才起身。宋徽宗問他為什麼拜了那麼久？道士稟報：「剛才在玉皇大帝殿中，碰到奎星在上奏，他講了很久，之後，臣才能呈上奏禱文。」

徽宗問：「奎星是誰？」道士回答：「正是本朝已故的端明殿學士蘇軾。」徽宗聽後，心中大驚，於是下令取消蘇東坡文章禁令。

蘇東坡翻案，靠的竟是方士之言，據傳說。

大儒程頤和蘇東坡，都曾是哲宗皇帝的老師，這兩個人生前沒有和平過，而兩人的坎坷，都與當過皇帝老師有關係。

之前說過程頤在教哲宗時相當嚴厲，讓哲宗的童年過得很不開心。哲宗自小被高太皇太后嚴厲管束，一提起程頤就咬牙切齒，曾對大臣們說：「程頤妄自尊大，在教學時對我很不客氣。」宋哲宗親政後，完全沒有忘記報復這個老師：將老邁的程頤送往涪州監管了三年。程頤倒是很淡定，他就在那裡與弟子講學如平常，遇赦得歸，也面無喜色。

程頤弟子謝良佐曾經對程頤說：「老師，你之所以有涪州之行，是因為你族人程公孫和你以前的好友邢恕陷害你。」

程頤知道，還是一派無所謂，說：「族子至愚，不足責。故人至情，不敢疑。」

其實，就是不想深究，算了吧。這是一派大儒本色。

然而程頤的壞運氣並未就此終結，蔡京主政後，排斥元祐黨人。程頤雖然已經辭官在家，仍被指控著書毀謗朝政，於是程頤又「從容」的被帶走了，學校也被毀了。但程頤還是努力著述，在過世之前，寫了《伊川易傳》等著作。過世時七十五歲，由於黨禁的緣故，親朋故友和門人子弟都不敢來奔喪。

蘇東坡也曾想好好教導哲宗，哲宗似乎沒那麼討厭這個老師，但一直到哲宗去世之前，蘇東坡都過著流離南荒的日子，哲宗對這個老人毫無寬憫之心。

這可以說是哲宗尊師重道的獨特方式。

幸虧，後世沒有為難這兩位老師，死後都有盛名。

蘇東坡的三個兒子都相當有才華，然而，因為父親如此折騰，三個兒子都沒有在仕途的發展可能，是幸是不幸？很難說。蘇邁做過最大的官是縣令；蘇迨久病，閉門讀書習醫，四十二歲時做過管庫官小吏，都是因為家裡窮苦；蘇過中過舉人，曾為縣令，在前往真定當通判的路上，遇到一夥強盜，傳說強盜強迫他們一起為寇，蘇過不從，在強盜窩裡痛飲而死。

在蘇東坡過世後二十多年，除了奢侈浪費沒什麼政治才能的徽宗，在金兵攻入京城之後被俘到金。金人把徽宗、欽宗及後宮無數的后妃（光是徽宗就有一百四十幾個妃子）和宮女帶走了，皇帝成為奴隸，后妃成為金人妾妓。淪為奴隸的徽宗身段夠軟，在金朝依然子孫滿堂。

南宋的皇帝們對蘇東坡好得多，他又被回復為端明殿學士。在蘇東坡過世七十年後，宋孝宗成為他的粉絲，贈他太師之銜，又請人重刻《東坡全集》。宋理宗時，十位儒者從祀於孔子廟庭，蘇軾和程頤皆在列，死後得哀榮。

蘇軾生時，遼、金、高麗等地，已傳頌他的詩文。對他才華的尊重，至今猶然。

⊙ 蘇東坡畫像（元趙孟頫行書〈赤壁二賦〉，臺北國立故宮博物院藏）

世事一場大夢，人生幾度秋涼？夜來風葉已鳴廊。看取眉頭鬢上。
酒賤常愁客少，月明多被雲妨。中秋誰與共孤光。把盞悽然北望。

——〈西江月〉

這是蘇東坡被貶至黃州的第二年中秋寫下思念弟弟的詞。

這首詞是悲涼的，他的一生多數在這種氛圍中度過。但即使悲涼孤寂，還有壯闊之氣。

屢屢被惡言重傷，有口難辯，是在他的仕途中不斷反覆的事，徒然在這種反覆中年華老去。做官動輒中箭落馬，想罷官卻不能罷官，想歸隱又不讓歸隱。

這一生活得並不如意。

然而，他也贏得了妻賢子孝，也贏得了真的朋友，更有千古之名。害過他的人，幾乎全被列在《奸臣傳》裡。

就算在困境之中，他仍然不卑不亢，儘量暢快活著，發揮著他的才華，為民間做點實事。

其實古代才子一生順遂平安者極少，也不必為他特別感嘆。他若有知，會告訴你，其實他一生的跌宕起伏，就算拋家棄路，都是小事。

九百多年過去了，還有人那麼愛著他的詩詞文字，還有人敬佩著他的情懷；不是只因為他才華洋溢，他把文人的情懷，提升到了獨特高度。

此心安處是吾鄉：一些東坡軼事

這一首〈廬山煙雨浙江潮〉，相傳是蘇東坡寫的：

廬山煙雨浙江潮，未到千般恨不消；
及至到來無一事，廬山煙雨浙江潮。

這首詩，明白易懂，不少人因此中哲理會心微笑。只要你走過人生種種起伏，細心尋思，就會明白它在說什麼。

星雲法師曾經寫過一篇文章，以蘇東坡的幾首詩解釋人生境界。說他把禪的境界分成三階段。

第一個階段，是沒有參禪之前的境界：

橫看成嶺側成峰，遠近高低皆不同；不識廬山真面目，只緣身在此山中。

真正參禪時，他又有另一番境界，即是〈廬山煙雨浙江潮〉一詩。

到了開悟以後，就是：

溪聲盡是廣長舌，山色無非清淨身；夜來八萬四千偈，他日如何舉似人？

——〈廬山東林寺偈〉

〈廬山東林寺偈〉一詩是蘇東坡四十九歲時從九江登廬山夜宿東林寺所寫。他用廣長舌來形容佛陀說法。「廣長舌」，是佛的三十二相之一。（指佛陀的舌葉廣長，覆蓋到髮際。佛教傳說，佛陀在過去世中，能自修十善業，見他人修，心生歡喜讚嘆。悲憫眾生，教導正法，而有此特徵。）流水聲就是佛陀出廣長舌的音聲。山嵐是佛陀清淨的法身。這一晚溪聲滔滔說了四萬八千偈，我是如何能夠來宣法呢？佛法就在自然之中，氣勢磅礡驚人。

星雲法師又舉了個公案：有一天，圓智證悟禪師去看東林寺的住持景元禪師，兩人夜裡閒談，證悟禪師就舉蘇東坡的詩，說這是不易到達的境界。

景元不以為然，認為這種說法還沒有看到路徑，哪裡能說到了目的地呢？

證悟禪師說：「『溪聲盡是廣長舌，山色無非清淨身』，假如不是已到了那種境界，如何有這個消息？如何能見道？」

景元禪師說，這只是門外漢而已。證悟禪師就要求景元禪師為他點破。

景元禪師說：「且從這裡用心參悟，或許可以知道本命元辰落在何處。」

證悟聽了以後，茫然一片，整夜深思，無法入睡。不知不覺天亮了，忽聞鐘聲，恍然大悟，去其疑雲。他說：

「東坡居士太饒舌，聲色關中欲透身，溪若是聲山是色，無山無水好愁人。」

他拿此偈語奔告景元禪師，景元說：「早跟你說，東坡是門外漢嘛！」

星雲法師批注：禪不是用語言能說的，也不是用文字能寫的，更不是用心去思想的；禪，完全是透過「悟」才能體認的。證悟禪師一夜深思，那鐘聲終於撞開混沌的心扉，他和蘇東坡的境界就不同了。禪不是知識，是靠自己實證體悟的。（《人間福

報》2009.7.23）

不知道你參透其中趣味沒有？大致是說，不用擔憂偈語如何傳人。禪，說了便破，無色無聲無相，東坡居士你不要自尋煩惱啦。東坡若在世，就算知道此事，他會寬懷地拈花微笑吧。我沒有禪學慧根，只能意會，不在這裡打誑語多作解釋了。

蘇東坡到死，當然還是個俗人，還為病痛所苦，還眷戀著好畫、寫好詩，想多圖幾年過平靜日子，過世前他到儀真稍做停留，有人考證，說是他在儀真曾有些許田宅必須處理，賣了就可多得點錢回常州退休。

蘇東坡也不只是俗人，他比俗人飄逸得多。

蘇東坡喜歡和化外之人：和尚、道士來往，也留在許多傳說，這一則很有意思的，且看〈八風吹不動〉這一則。

話說蘇東坡自認學禪有所領悟，心智澈明，不覺得意洋洋地揮筆寫了一首詩：「稽首天中天，毫光照大千，八風吹不動，端坐紫金蓮。」立刻差遣書僮過江，送給佛印禪師看看。

八風指的是：得、失、謗、揚、讚、嘲、憂、喜，這些世間雜念，再也吹不動他了。

佛印禪師看過後，立刻回了信，交書僮帶回。

蘇東坡一攤開信，佛印在他的詩之後評注了二個字：放屁！

蘇東坡不由得動了氣，佛印不讚美、不回詩也就罷了，何必罵人呢？立即自己過江去找佛印理論。一到，只見寺門深鎖，門上貼了一付對聯，寫著：「八風吹不動，一屁打過江。」

蘇東坡一看，慚愧不已，從此不敢在佛印面前沾沾自喜。

此類傳說很多。只能說，不一定是真人實事，都依江湖傳說或模擬東坡性格而寫。在此不費篇幅考證。

有關〈廬山煙雨浙江潮〉一詩是否為東坡所作，學者也做過很多考證。它的格律其實不是典型的七言絕句，比較像是禪偈。有人說，這可能是他和佛印互相唱和的詩作。不過，有學者翻找了各種相關古籍，認定此詩非東坡所作。

在此，就讓我節外生枝說一段話。我寫過一篇北宋江西華林書院相關論文，華林書院是胡氏家族書院，也是最廣為向北宋文人們邀詩的書院。在《胡氏家譜》中曾經見到一首蘇東坡的佚詩：

曾過華林書院來，芙蓉洞口荔枝階。藏書閣俯瀠紆水，洗硯池邊滑漣苔。
憑遠樓中朝對鶴，挹清館內夜銜杯。八方亭外五株桂，歲歲秋風一度開。

此詩同樣未收在各文集之中，但它是東坡所寫的可能性很大。因為東坡的確在元豐七年為了見蘇轍，曾到華林書院所在地的高安附近，很可能受到此家族接待，而此家族也與蘇門四大學士之一的黃庭堅素來友善。在此，蘇東坡和弟弟有了短暫的相聚。此詩可能只為該家族收藏，也可能是應邀題壁之作。

此詩雖然也是應酬之作，基本上與蘇軾詩風並無不合，仍有東坡詩風範：充滿對具體細節的觀察，與對未知命運的開朗期待作結，表達了對地主的敬佩與祝福。只要有人對他好，蘇東坡都是感激的，這就是他的基本性格。

讓我們回到〈廬山煙雨浙江潮〉一詩。此詩之所以會被認為是蘇軾所寫，因為它也像東坡風範，很有禪意。它與青原惟信禪師解釋「漸修」至「頓悟」的過程的三個階段有異曲同工之妙。青原惟信禪師說：

老僧三十年前未參禪時，見山是山，見水是水；及至後來，親見知識，有個入處，見山不是山，見水不是水；而今得個休歇處，依然見山是山，見水是水。

人生三重境界說，幾乎人人都聽說過。人終究會發現，繞了一大圈，回到了最初。從傻傻不疑，到處處生疑，到終究不疑。但是，如果沒有繞那一大圈，又不能說你看透想開了。總想要想開，是蘇東坡的特色。愛蘇東坡詩文的人，常是愛上他的小領悟，可不是什麼大徹大悟。

在誣陷與貶謫時，在面臨生離死別的無奈時，蘇東坡領悟最多。看看〈記承天寺夜遊〉：

元豐六年（1083，蘇東坡年四十八，在黃州）十月十二日夜，解衣欲睡，月色入戶，欣然起行。念無與為樂者，遂至承天寺，尋張懷民，懷民未寢，相與步中庭。庭下如積水空明，水中藻荇交橫，蓋竹柏影也。何夜無月，何處無竹柏，但少閒人如吾兩人者耳。

不過就是某個晚上，月光很美，找朋友看月亮。想想，此時雖被貶居，無事可做，但也只有在這個時候，才能夠閒晃著靜心欣賞夜間的月光與樹影吧。當閒人有當閒人的好處，想透了，就知這也是好事。

還有〈記遊松風亭〉：

余嘗寓居惠州嘉祐寺（1094，蘇東坡五十九歲被貶到惠州時），縱步松風亭下。足力疲乏，思欲就林止息。望亭宇尚在木末，意謂是如何得到。良久忽曰：「此間有什麼歇不得處？」由是如掛鉤之魚，忽得解脫。

若人悟此，雖兵陣相接，鼓聲如雷霆，進則死敵，退則死法，當什麼時也不妨熟歇。

也就是一個平常的日子，他徒步上山，走到半路腿痠了，想到松風亭休息；仰望遠處的目的地松風亭，還在森林遠處，心想這到底是如何才能到得了？好一會兒，忽然想開了：有什麼地方是不能休息的呢？誰說人一定要在亭子裡休息呢？他像魚鉤上的魚，忽然解脫了。原來拋棄了那「一定要這樣」的執著，也就能隨遇而安。悟得此理，雖然在進退兩難的風口浪尖上，都可以身心安頓。

暫停，哪裡都能好好休息。困頓時即為領悟時。

蘇東坡以非常優美流暢的文字，寫出了他所見的景色與他心中的觸發。目之所見，不論明月還是清溪，是松風還是落花，他企圖把他內心中響起的聲音告訴你。

這些隨筆寫的都是一剎那間的領悟：他又為自己在困頓折騰中開了一扇清新悠然的小窗了。

他說自己平生功勞，都在被貶居的黃州、惠州、儋州，雖然有自嘲的意味，但也絕對沒有錯。他最受傳頌的、如行雲流水的詩詞，都在這幾個與生活和生命掙扎的地方寫成，那都是他心跳的聲音啊。

對一個士大夫而言，在這些地方活著實在難，但他以「隨緣而樂」的態度，找到了許多樂趣。

比如，大家都叮囑我不要再寫詩，以免又被彈劾，但我又不能不寫……如果文字會讓我又遭橫禍，那我寫信給弟弟，聊一下自己發明的美食總可以吧？

於是在惠州的蘇東坡，發明了羊脊骨的吃法：沒人要的羊脊骨，用水煮過，泡了酒、灑了鹽，再烤到微焦，就可以啃個半天。由骨縫間剔出的零星碎肉，那種鮮美的味道，可比高貴的蟹螯呢！文章後面，他還開個玩笑說：這個吃法如果傳開來，恐怕狗都要不高興了！

羊脊骨是當地人拿來餵狗的，蘇東坡還能發揮創意。

當一個人能夠把自己擺在任何地方，享受所有美好的事情，那麼世間的為難，也就不能風刀霜劍相逼。

有沒有真的參禪悟道沒關係，在小處體會了、想透了，處處都天清月明了。

蘇東坡貶謫黃州之後的詩文，呈現著享受此時此刻的平靜安然。

蘇東坡的貶謫，向來都被當成大案件處理，牽連不少長官及好友。比他小十二歲的好友王鞏（王定國）在「烏臺詩案」後也很倒楣，被貶到廣西偏鄉當小吏。王鞏（1048–1118）是官宦世家子弟，爺爺是宰相，父親是工部尚書，也是蘇東坡恩師張方平的女婿，和蘇東坡非常投緣，一輩子哪裡去過偏鄉？

五年後，蘇東坡和王鞏都平反了，返回京城相聚。蘇東坡本來非常歉疚，畢竟是自己連累了好友，沒想到見到王鞏時，王鞏一臉春風，容光煥發。王鞏家有個歌姬宇文柔奴，伴著他南行。蘇東坡於是問柔奴，在那裡真的過得……還……還好嗎？柔奴淡淡笑答：「此心安處，便是吾鄉。」

於是蘇東坡就寫了〈定風波．南海歸贈王定國侍人寓娘〉：

常羨人間琢玉郎，天應乞與點酥娘。
盡道清歌傳皓齒，風起，雪飛炎海變清涼。
萬里歸來顏愈少，微笑，笑時猶帶嶺梅香。
試問嶺南應不好，卻道：此心安處是吾鄉。

所謂蘇東坡的豁達，就是：此心安處是吾鄉。領會此法，處處都能雪飛炎海變清涼。蘇東坡之後，不得意的人沒少過。讀他的詩文，也得著了安慰。他不只在安慰自己，也安慰了許多被時代扭曲過的乾淨靈魂。

此心安處是吾鄉，掛鉤之魚，就沒有解不解脫的問題了。

以此說蘇東坡人格將文人情懷在精神上提升到獨特高度，所以他深深地被後人記得，應該無人反對才是。

這是一個誰也學不了的蘇東坡。在看似應該的愁雲慘霧中，他自有一片光風霽月的天地在。如是蘇東坡。

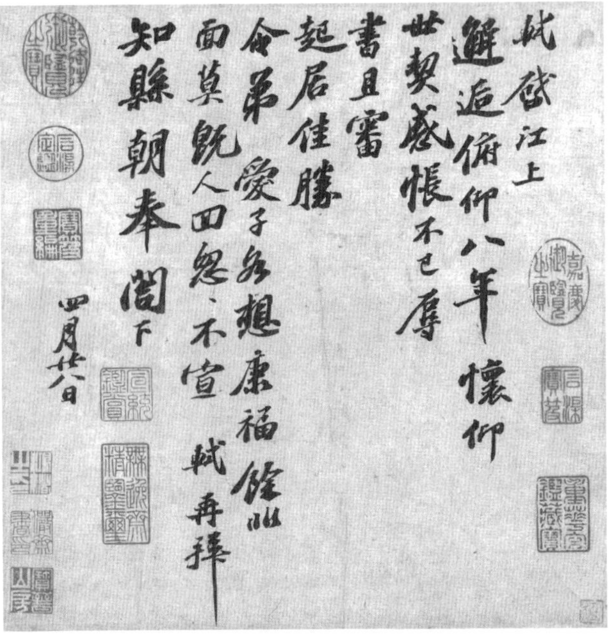
軾啟江上
邂逅俯仰八年懷仰
世契感悵不已辱
書且審
起居佳勝
令弟愛子各想康福餘非
面莫既人回忽忽不宣　軾再拜
知縣朝奉閣下
四月廿八日

⊙「致知縣朝奉尺牘」，是蘇東坡辭世前三個月完成的書法，也是蘇東坡存世墨蹟當中年代最晚的一件作品，素有「絕筆」之稱。（臺北國立故宮博物院藏）

附錄

一、那些年的恩恩怨怨起起伏伏：從哲宗孟皇后的視角談起

神宗是一個「想要做些不一樣的事」的君主。不過，他對自己「名聲」的重視，超過了對「民生」的關切程度；而王安石對於「讓國庫富裕」的執著，也超過了「讓人民好好生活」的基本要求。

從神宗到徽宗，新、舊黨爭起跌宕，報復與去除異己的考量，凌駕於國計民生之上。或者也可以說，以國計民生考量之名、毀君謗上之名，行報復之實。

當報復成為第一考量，朝中的烏煙瘴氣就是必然。人治時代，大臣命運取決於最高統治者。如果皇帝真不在乎誰說他什麼，那些御史臺的烏鴉們也不會那麼奮力地把叛徒抓出來。諸大臣們的仕途人生，都在烏鴉們的啼叫中，日暮西山。

誰當權誰就掌控了應和的烏鴉們。在愈疊愈高的仇恨中，保守派和變法派判然畫分，沒有溝通談判的可能。隨著統治者的變動，一會兒新、一會兒舊，受苦的不只是

官員，還有廣大人民。等到更沒有理想的花花皇帝徽宗上場，完全不顧民生問題，金人攻破首都，把帝王后妃都擄去當奴隸，也是理所當然會造成的悲劇。

金國（之前叫做女真國）算是後起之秀，整個國家就像一支訓練有素的武裝部隊一樣，先滅了曾經巨大而強盛的遼國（1125），第二年又南下製造了「靖康之禍」。徽宗在自知不保之後，把皇位讓給兒子（這是哪門子好父親？），於是二帝一起被俘，結果一樣。

在神宗之後的朝廷動亂中，年輕的君主都是變法派，攝政的太后（或太皇太后）都是保守派。比較起來，太后竟還比皇帝有為。皇帝們想要改變，而太后們緬懷著宋仁宗那時太平美好的舊時代。反反覆覆，比原地踏步還慘。

王安石變法，頭幾年看來國家變有錢了，但人民卻不堪其擾，遇到荒旱或水患的黑天鵝來臨，更是摧枯拉朽。這些事情曲曲折折，八本書也寫不完。在蘇東坡活著的時代中，有一個女人的人生也在反反覆覆中前進，直到句點為止；每一次的波折都戲劇化得令人驚嘆。她一生像搭雲霄飛車一樣忽高忽低，而她手中始終沒有方向盤。

宋哲宗孟皇后，沒當幾年皇后，在歷史上也沒沒無聞，不像她的婆婆、太婆婆、太太婆婆，在史上有賢后之名。她本人也沒有什麼顯著的個性，只能像一棵隨水流擺動的水草。

既不能享富貴，又不能享清貧；命運有時虧待她，有時又像在優惠她，從她的視角，或許會對這個動盪時代有更多的了解。

哲宗不是嫡后所生，因為前幾個哥哥都在年幼病逝，以庶長子當上皇帝。他對嫡母向皇后甚是恭敬，小時候看起來也仁慈懂事，地上有螞蟻都會怕踩到他們。不管是否真的宅心仁厚，還是心裡明白這樣可以得到些什麼——無論如何也絕不是真的蠢才。

向太后對他好，但祖母高太皇太后為了要把他養成仁君，對他非常嚴格。高氏是宋英宗（1032–1067）皇后，宋仁宗的曹皇后是她姨媽，仁宗的孩子也都沒養大，所以將堂兄的兒子，也就是後來的英宗立為皇太子。高氏是英宗妻子中唯一為他生下孩子的，還生了四男四女，哪一個女人都取代不了她的地位。

哲宗即位時未滿十歲，為了要好好把孩子管教成公公「仁宗」那樣的帝王，高太皇太后對他管教極嚴。哲宗的老師都是太皇太后選的碩學鴻儒，不苟言笑、好訓話的程頤就是受太皇太后之邀來當他的老師，肯定製造了不少陰影。後來換了蘇東坡，看樣子皇帝也沒怎麼在聽。

太皇太后對於哲宗生母也不算好。太后生母朱德妃是宮女出身。朱德妃出身寒微，生父早逝、母親改嫁，朱氏從小就是個拖油瓶，寄住親戚家。少女時選入宮當神宗的侍女，神宗大概也是跟在身邊侍候的她日久生情；就算後來生了趙煦、蔡王趙似和徐國長公主，因為出身低微，地位沒有多大改變，直到元豐七年（1084），也就是神宗去世的前一年，才被封為德妃，母以子貴。

看樣子，朱德妃（1052–1102）低調而溫婉，自知出身不高，並沒有計較。神宗過世時她才三十三歲，充滿宋朝女性的美德，不爭不搶、個性溫和，對太皇太后畢恭畢敬。但是高太皇太后對她還是有所忌憚，一樣進行嚴格控制。照理說皇帝生母也該被稱為太后，但是高太皇太后只許她被尊稱為太妃，沒有讓她和向太后變成兩宮太后。位子雖然尊貴，在太皇太后管控下還是過得如履薄冰。這種辛酸，兒子看在眼裡。兒子比她更不平。

哲宗從少年時便患了肺結核。《續資治通鑑長編》說，哲宗少年時乃染疾咯血，不過他的病情一直被隱瞞著，怕人看到血絲，咳出來的唾液都不能夠吐進壺裡，只能讓侍者用手帕接起來。侍者絕對不可以洩漏病徵。國醫診視，不可以說他氣虛。

他十歲就當了皇帝，肺疾應該是他被立為皇帝、青少年之後的事情。雖然高太皇太后堅持以自己的孫子當皇帝才是正統，但絕對不可能不知道哲宗病情的發展，也不可能沒有想過哲宗過世之後，到底以誰代替？具有取代哲宗的可能性的那兩個叔叔，也都是高太皇太后的兒子，都十分優秀。朝中不時有流言，說太后很可能會擁立自己的兒子，哲宗也一定是害怕的。神宗自己的兒子們，死的死、昏的昏，包括後來繼位的哲宗異母弟徽宗，都不是什麼好材料。雖然高太皇太后在神宗過世後，認為神宗還有兒子在，寧可讓庶出的孫子接了班，拒絕以神宗之弟承接大統，哲宗卻沒有一點感恩她的愛。

祖母在為他選擇皇后上，也表現了相當強硬的態度。一百個世家之女進了宮，讓她挑挑選選。在這麼多女孩之中，高氏和向氏婆媳倆都看上十六歲的世家之女孟氏。不是因為她最美，是因為她最有禮貌，個性也好，這就是一國之母的必要條件。哲宗只能說是，不能說不。

高太皇太后跟哲宗說：「皇后一定要是賢內助，這可不是小事。」就這樣決定了。

這活在不安中的生病少年，生活在嚴謹看管的宮中，不可能沒有任何心機。生病的人，不會太開朗，疑心病也肯定重。他長期被看管、被教育、被忽略。上朝時大家都知道他不重要，只對他祖母報告，他只看到大臣們的臀部和背部。他曾說，只有大臣蘇頌（1020–1101，北宋大臣，科學家與詩人）對他十分恭敬。所以，蘇頌雖然也被列為保守派，在神宗時期也被新黨下獄整肅過，但還是可以還鄉平安終老，在哲宗當政的年代沒有遭到大殃，活到八十歲以上，是難得的奇蹟。

這一點可以說明，對這些老人家們，他是記恨的。

元祐八年（1093），高太皇太后去世了。哲宗第一次嘗到了權力的滋味。他等不及了，很快地就想要展現魄力。

有關朝政，我們不再詳述。現在要說的是，哲宗皇后孟皇后的命運。只要是祖母選的人，到哲宗時一律會遭殃。他恨祖母，該表現恨意的他都做到了。對元祐諸臣的報復，是他對祖母恨意的最好證明。

哲宗對祖母的不滿，在他親政後恨意十足地發了威，他甚至想要廢除祖母的封號，不讓她稱太后。紹聖二年（1095），宋哲宗批准了追廢已經死去的祖母高太皇太后的詔書。傳說即將正式公布時，因為嫡母向太后和生母朱太妃嚇得臉色發青，哭哭啼啼勸導，才讓哲宗勉強打消了念頭。

皇后孟氏是祖母送給他的陰影。孟皇后當皇后時，哲宗宮裡已經先有了一位劉婕好。貌美如花、能說善道又多才多藝的劉氏，本來是個宮女，就近和哲宗有了感情，生下大公主後受封為婕妤。哲宗還沒親政時，劉氏的日子也不好過。她生下一女，向民間徵求乳母的事情被諫官們知道，諫官以為哲宗在宮中荒淫無度，凜然上奏，要哲宗好好學習、天天向上，不要好色。這個諫官就是後來也一樣被報復性流放、「誰要他死、他都不死」而活下來的硬漢劉安世。劉婕妤認為這件事是衝著自己來的，懷恨在心。看來她和哲宗之所以那麼琴瑟和諧，共同性挺強——愛報復的性格略相似。

高太皇太后去世後，劉婕妤就常找孟皇后麻煩，反正孟皇后夠賢慧，能讓就讓，似乎沒有反擊能力。劉氏常去宋哲宗那裡哭訴皇后的不是，哲宗的內侍郝隨乾脆對她說：「別哭了，只要給陛下生個兒子，到時候皇后的位置就是妳的。」郝隨與章惇，為了處理掉與高太皇太后有關的保守派勢力，內外聯通，以廢孟立劉為目的。劉婕妤寵冠後宮，是需要籠絡的，倒向她對自己有利。

這話後來成真了。

孟皇后曾有一個女兒。當時哲宗還沒有兒子。高太皇太后過世後，孟皇后只有哲宗嫡母向太后支持。孟皇后溫良恭儉讓，出身又比劉氏好，要廢她必須有萬全之計。

紹聖三年（1096），劉婕妤找到了一個好機會。孟皇后的女兒福慶公主病重，太醫束手無策，孟皇后的姊姊持民間流傳的道教治病符水入宮醫治。符水之事向來為宮中禁忌，孟皇后大驚失色，不敢給公主喝。等到哲宗到時，她還親自一一說明原委，本來哲宗也認為，這是人之常情，並不怪罪。

這件事傳了出去，有人覺得是等到了好機會。不到三歲的公主病逝後，孟皇后養母燕夫人等人來為孟皇后及公主祈福，巫蠱案鬧大了。發生經過大概是這樣的：燕夫人被控以巫蠱小人想詛咒死劉氏，劉氏也因此差點送命（無法求證是真的、假的、還是演的），哲宗大怒，讓皇城司逮捕了孟皇后左右侍女及宦官數十人，將這些人刑求逼供，嚴刑拷打，打斷手腳，有的還被割了舌頭；酷刑之下，坐實了孟皇后的罪名。（上述則是史實了。）

當時負責審案的，是一位叫做董敦逸（1031–1101）的老官員。董敦逸其實也是蘇軾仇家，元祐六年（1091），因彈劾蘇軾被高太皇太后外放過，哲宗時被召回朝。董敦逸剛審理此案呈報的口供，直指燕夫人為了想害死劉婕妤，蓄意行巫蠱之術；但是他後來卻翻了案上奏哲宗，說孟皇后是被冤枉的，還說孟氏被廢那天，天氣忽然變得陰霾，百姓們都為廢后而哭泣。宋哲宗聽了，一邊喊著：「章惇誤我！」但也還是沒有替孟氏爭公道，也沒拿章惇怎樣。因為董敦逸的上奏，哲宗廢了孟皇后後，沒有再下重手，讓她到「瑤華宮」出家當道姑，號「華陽教主」、「玉清妙靜仙師」。不過，董敦逸卻因而被貶官外放了。

其實是宋哲宗老早有廢后之心。章惇、蔡京之流，只是推手。

廢了孟皇后，還是有很多大臣反對立劉氏為后。劉婕妤步步為營，終於達成願望。

雖然達成，卻極為慘澹。

孟皇后被廢第二年，劉婕妤又生了一個公主，這當然不是劉氏最想要的。哲宗將劉氏封為劉賢妃。一直到元符二年（1099）八月，劉賢妃生下了哲宗的第一個兒子，劉賢妃終於得到皇后位子，反對她當皇后的大臣，都被流放了。

不過，她的皇后才當了一個月，皇子就夭折了；劉皇后哭得死去活來，宋哲宗也十分悲傷，宣布罷朝三日。罷朝後第四天，劉皇后的三歲小女兒竟然也過世了，宋哲宗又因之罷朝三日……悲劇接二連三，之後哲宗也臥床不起，過了幾個月，宋哲宗忽然病逝，只有二十五歲。

哲宗過世後，還有缺德事。章惇下令三個月將陵墓建成，調全國工人日以繼夜建造，只石材一項就用了三萬塊以上，還有四千六百多名石匠，民伕超過一萬人。督工急促，民工們不堪虐待紛紛逃亡，工地上病累而死的人每天都有，沒時間埋，只能被棄屍荒野之中。後來那個地方就開始出現鬼故事，都說是工人冤魂在附近夜哭。不管陵墓多麼雄偉，此墓在後世一再被盜，只剩下一大面牆。

哲宗身後留下兩個公主。除了劉氏早年生的秦國康懿長公主，還有一個陳國公主，是其他妃嬪生的。於是宋哲宗的異母弟弟宋徽宗趙佶，在向太后認可中上位了。宋徽宗先封劉氏為元符皇后，向太后則授意宋徽宗把被廢了的孟皇后也接回來，讓她的地位比劉氏高一些。劉皇后非常憤怒。

向太后攝攻一年就過世了。劉皇后聯結了蔡京上表宋徽宗，指控孟皇后被廢是罪證確鑿，要求他再廢去孟皇后。孟皇后又被廢掉，再回去當道姑。

妙的是崇寧二年（1103），宋徽宗竟又尊劉氏為崇恩宮皇太后。這可能是因為宋徽宗和劉皇后關係變得緊張的緣故。劉氏企圖干預朝政，並想在宋徽宗生病時垂簾聽政，掌控朝政大權。

政和三年（1113），宋徽宗動手了。他安排了個局，讓宮女、奴婢們對劉氏恐嚇辱罵，逼使她用簾鉤自縊而死，那一年，劉氏只有三十五歲。徽宗讓她陪葬在最疼愛她的哲宗身旁。

被廢的孟皇后，人生起伏還沒完沒了。她清心寡欲地當道姑，就這樣過了十年以上，倒也安然。宋徽宗靖康初年，似乎流年不利，一直遇到大火：瑤華宮大火，搬到另外延寧宮，延寧宮又遇到火災，只好住到相國寺前的私宅。

塞翁失馬，焉知非福，靖康二年（1127），金人攻陷汴京，徽、欽二帝和百位以上的后妃被擄北行。孟皇后沒在宮中，幸運的被遺漏了。諸皇子大多數也都成為俘虜，不那麼被重視的徽宗九子康王趙構，因為遠離京城得以成為漏網之魚。

金人離開後，被金人立為傀儡皇帝、戰戰兢兢的張邦昌，知道自己名不正言不順，恢復孟太后元祐皇后的尊號，迎接孟氏入居延福宮，上尊號「宋太后」，接受百官朝拜，又請（是請或是要脅也說不清了）她垂簾聽政。

趙構即帝位，傀儡皇帝垮臺，孟太后跟著南渡。南渡的過程中遇到金人南侵，高宗趙構一度乘船入海而逃，孟太后的隊伍則是從陸路往江西逃亡，一路狼狽、流離失所，幸得無恙。

高宗也知道，孟太后曾是前朝皇后，對孟太后非常恭敬。

別以為故事這樣就講完了。南宋建炎三年（1129）因為高宗包庇貪財好利的權臣王淵及宦官，在杭州軍官苗傅和劉正彥以「清君側」之名發動政變，逼迫宋高宗將皇位「禪讓」給三歲的皇太子趙旉。孟太后再度被捧出來垂簾聽政。孟太后沒有野心，還挺能安定人心，先後安撫了苗、劉二人。後來，韓世忠等人率軍隊來救，宋高宗復辟成功。孟太后又安靜告退。

孟太后個性小心，做人謙恭、逆來順受、不好權勢，除了之前一直想除去她的劉婕妤之外沒有什麼敵人，名聲一直很好。她有個小習慣，喜歡喝酒，聽說孟太后買酒，一定銀貨兩訖，從來不喝免費的。傳說她在南方時，曾覺得頭暈目眩，宮女自稱會用符水治病，讓孟太后想起了年輕時的遭遇，馬上命人將這個宮女趕出宮去了。一直到晚年，她過得還算平順。

善良和氣的孟太后，走過了坎坷人生，畢竟得到善終，葬在會稽。

孟皇后一生，福禍相倚，該挺身就挺身，該離去就離去，也算是善有善報。她的一生，都在權力中心的邊緣度過。雖然一直沒有野心，但大環境似乎也不讓她當一個旁觀者，起起伏伏，幾度臨危獲救，人生充滿了時代的烙印痕跡。她和蘇東坡一樣是看得開的人：不如換一場大醉。

命運有隻覆雨翻雲手，想不開又如何？

走到哪裡就到哪裡吧，喝口酒換片刻醉意，心裡或許想的是：嘿，人家為難你，你可別為難自己。

二、蘇東坡年譜

〔李啓繡製作〕

紀年	西元	年齡	蘇軾紀事
宋仁宗 景祐三年	一〇三六	一歲	生於四川眉州眉山縣紗縠行。父蘇洵，取名「軾」，意思是車前扶手，寓子能扶危救困。
寶元二年	一〇三九	四歲	弟蘇轍誕生。
慶曆二年	一〇四二	七歲	始知讀書，聞知歐陽修、韓愈、梅堯臣。
慶曆五年	一〇四五	十歲	蘇洵宦遊四方，母親程氏教授《漢書·范滂傳》，蘇軾以范滂為典範，從此以天下為己任。
至和元年	一〇五四	十九歲	蘇軾娶妻王弗。

嘉祐二年	一〇五七	二十二歲	與父、弟共同參禮部會考，兩兄弟一同考上進士，〈刑賞忠厚之至論〉獲得考官梅堯臣、主試官歐陽修的青睞。蘇氏父子三人也因此名震京師。四月，母程氏卒於眉山，奔喪歸蜀。
嘉祐六年	一〇六一	二十六歲	考中進士後首次任官。被任命大理評事、鳳翔府節度判官廳公事。冬，與弟轍別於鄭州，作〈和子由澠池懷舊〉。
嘉祐八年	一〇六三	二十八歲	始識新任鳳翔知府陳希亮四子：陳慥，字季常。季常其妻柳氏凶悍，蘇軾為他賦詩留下「河東獅吼」、「季常之癖」。
宋英宗 治平二年	一〇六五	三十歲	正月還朝。判登聞鼓院，直史館。五月，夫人王弗卒。
治平三年	一〇六六	三十一歲	父蘇洵在京病逝，護喪回鄉。

宋神宗 熙寧元年	一〇六八	三十三歲	居鄉守制，七月服除。娶王弗堂妹、王介幼女王閏之為妻
熙寧二年	一〇六九	三十四歲	二月還朝，在京任殿中丞直史館判官告院。同年王安石執行新法，因蘇軾議論其中作為，王安石屢在神宗前詆毀蘇軾。
熙寧四年	一〇七一	三十六歲	上書神宗，論朝政得失，因屢次反對王安石，蘇軾被誣陷賣私鹽，軾請求外放，調通判至杭州。
熙寧五年	一〇七二	三十七歲	赴湖州，相度堤岸工程。
熙寧六—七年	一〇七三—七四	三十八—三十九歲	任杭州通判，納妾朝雲。任期滿，軾以弟在濟南，求為東洲守。後移知密州。

熙寧八—九年	一〇七五—七六	四十—四十一歲	在山東密州，有〈上韓丞相論災傷手實書〉、〈論密州鹽稅書〉、〈超然臺記〉、〈表忠觀碑〉。懷念弟弟子由，寫出名篇〈水調歌頭〉。
熙寧十年	一〇七七	四十二歲	自密州遷徐州。徐州八月遇黃河大水，軾戮力治水，城因而保全，朝廷明詔獎諭。
元豐二年	一〇七九	四十四歲	自徐州移知湖州，因反對青苗改革入獄、被控以文字訕謗君上，下御史臺獄，史稱「烏臺詩案」。在獄中一百三十餘日，神宗責授黃州團練副使。弟轍上書救贖，也責授監筠州酒稅。
元豐三年	一〇八〇	四十五歲	赴黃州謫所。
元豐四年	一〇八一	四十六歲	為求自給自足，始闢東坡，自號「東坡居士」。

元豐五—六年	一〇八二—八三	四十七—四十八歲	寓居臨皋亭，躬耕東坡，築東坡雪堂。居黃州期間為文學創作的重要階段，作〈赤壁賦〉、〈後赤壁賦〉等，與張懷民交遊，也與禪門人士（佛印）互有往來。
元豐七年	一〇八四	四十九歲	改遷河南汝州團練副使，遊廬山，過金陵訪王安石，上表乞於常州居住。
元豐八年	一〇八五	五十歲	二月奉准居常州。八月除知登州，十月才到任五日，被召還朝禮部員外郎，旬遷起居舍人，辭於宰相，不許。
宋哲宗 元祐元年	一〇八六	五十一歲	與司馬光爭役法，得罪司馬之門。哲宗幼年即位，太后攝政，除翰林學士知制誥，主管職試。同年王安石、司馬光過世。
元祐三年	一〇八八	五十三歲	權知禮部貢學，主省試。

元祐四年	一〇八九	五十四歲	因勇於論事，陷入新、舊黨爭，為言官所攻，上書乞求外放。三月除龍圖閣學士，知杭州。七月，到任杭州，籌糧賑災，疏浚河川，以工代賑。
元祐五年	一〇九〇	五十五歲	在杭州疏浚西湖，建南、北長堤，人稱「蘇公堤」，計畫錢塘江水利工程。蘇軾在各地都為民興利除弊，政績頗善，口碑甚佳。
元祐六年	一〇九一	五十六歲	被京召回為翰林學士，知制誥，兼侍讀。八月出任潁州，冬天幫助潁州賑災。
元祐七年	一〇九二	五十七歲	任潁州，二月移知楊州。八月以兵部尚書詔還兼侍讀，十一月遷端明殿學士兼翰林侍讀，授禮部尚書。
元祐八年	一〇九三	五十八歲	繼室王閏之夫人病逝。太后病逝，朝局將變，蘇軾乞補外，九月出知定州。

紹聖元年	一〇九四	五十九歲	在定州。以諷斥先朝罪名貶知英州，後又寧遠君節度副使，惠州安置。疲於應付新、舊黨爭，蘇軾雖反對王安石激進的新法，也不贊成舊黨盡廢新法，最後兩黨都排斥他，常被貶至遠方。
紹聖二年	一〇九五	六十歲	惠州野外多暴骨，建議州守聚資收葬，作〈葬枯骨銘〉。
紹聖三年	一〇九六	六十一歲	在惠州建白鶴峰新居，侍妾朝雲病卒。
紹聖四年	一〇九七	六十二歲	五月忽有貶海南之命，責授瓊州別駕，昌化軍安置。留家於惠州，與幼子獨行。與蘇轍相遇於藤州，同行至雷州。六月渡海，七月到儋州，居官屋屢被逐出，乃在城南桄榔林中結茅屋三間，名曰桄榔庵。
元符元年	一〇九八	六十三歲	續修《易傳》、《論語》，作《書傳》十三卷。

元符二年	一〇九九	六十四歲	瓊州進士姜唐佐從蘇軾學。
元符三年	一一〇〇	六十五歲	哲宗崩，徽宗繼位，大赦天下，蘇軾被赦免北返。五月移廣東廉州，秋自廉州移舒州節度使，永州居住。行至英州，得旨復朝奉郎，提舉成都玉局觀。歲末過大庾嶺。
宋徽宗 建中靖國元年	一一〇一	六十六歲	五月行至真州時暴病，瘴毒大作，臥病下痢。渡江至常州，上表告老，以本官致仕。七月二十八日卒於常州。
崇寧元年	一一〇二		由蘇轍歸葬於河南汝州郟縣鈞臺鄉上端里小峨眉山。

◎參考資料：李一冰著《蘇東坡新傳》

當代名家
如是蘇東坡

2024年8月初版　　定價：新臺幣420元
2024年11月初版第二刷

著者	吳淡如
叢書主編	孟繁珍
校對	金文蕙
	林峰丕
內文排版	王瓊瑤
封面設計	王瓊瑤

出版者	聯經出版事業股份有限公司
地址	新北市汐止區大同路一段369號1樓
叢書編輯電話	(02)86925588轉5318
台北聯經書房	台北市新生南路三段94號
電話	(02)23620308
郵政劃撥	帳戶第0100559-3號
郵撥電話	(02)23620308
印刷者	文聯彩色製版有限公司
總經銷	聯合發行股份有限公司
發行所	新北市新店區寶橋路235巷6弄6號2樓
電話	(02)29178022

編務總監	陳逸華
總編輯	涂豐恩
總經理	陳芝宇
社長	羅國俊
發行人	林載爵

行政院新聞局出版事業登記證局版臺業字第0130號

本書如有缺頁，破損，倒裝請寄回台北聯經書房更換。　ISBN 978-957-08-7291-0 (平裝)
電子信箱：linking@udngroup.com

國家圖書館出版品預行編目資料

如是蘇東坡/吳淡如著．初版．新北市．聯經．2024年8月．
320面．14.8×21公分（當代名家）
ISBN 978-957-08-7291-0（平裝）
[2024年11月初版第二刷]

1.CST：（宋）蘇軾 2.CST：傳記

782.8516 113001781